El ADN psicológico

El ADN psicológico

Pep Marí

Plataforma
Editorial

Edición ampliada y revisada de *La felicidad no es el objetivo*,
también publicado por Plataforma Editorial en febrero de 2013

Primera edición en esta colección: octubre de 2020

© Pep Marí, 2020
© del prólogo, Jenny Moix, 2020
© de la presente edición: Plataforma Editorial, 2020

Plataforma Editorial
c/ Muntaner, 269, entlo. 1.ª – 08021 Barcelona
Tel.: (+34) 93 494 79 99
www.plataformaeditorial.com
info@plataformaeditorial.com

Depósito legal: B 17364-2020
ISBN: 978-84-18285-13-4
IBIC: VS
Printed in Spain – Impreso en España

Diseño de cubierta y fotocomposición:
Grafime

Impresión:
Romanyà Valls
Capellades (Barcelona)

Dedico este libro a mis dos psicólogos favoritos: Abraham Harold Maslow y Viktor Emil Frankl. La lectura de sus obras me ha proporcionado la inspiración suficiente para atreverme a reflexionar sobre las necesidades de las personas.

Índice|

Prólogo

Cuando empecé a leer el manuscrito de Pep, no me extrañó en absoluto su dedicatoria a Albert Einstein por su frase «no entiendes realmente una cosa hasta que no eres capaz de explicársela a tu abuela». Son unas palabras que encajan como anillo al dedo con la esencia del autor. A él lo podría definir con muchos adjetivos: entusiasta, motivador, práctico, estructurado, divertido, reflexivo…, pero hay uno que lo caracteriza con más intensidad y que logra abrillantar, más si cabe, todas estas cualidades: didáctico.

Así que el lector se encuentra con un libro en sus manos escrito por una persona que se esfuerza para que el mensaje llegue, ¡y lo consigue! Abundan las anécdotas, los ejemplos, los ejercicios… Las ideas van calando mientras uno se va divirtiendo. Nos habla de moscas, del sentido de pegar un polvo, de jugadores de fútbol, de Ferran Adrià, de Auschwitz…, todo esto hilado de tal forma que nos va conduciendo por los escondidos recovecos de nuestra mente.

Se puede extraer mucho jugo de estas páginas. Son muchas las conclusiones extraíbles y todas orbitan alrededor de un eje fundamental, básico para nuestra salud mental y para nuestra felicidad: el sentido de la vida. A veces no lo encontraremos, a veces nos parecerá perderlo, otras ni siquiera lo buscamos.

Recuerdo a una paciente, una mujer de unos treinta y cinco años que estaba sumida en una depresión. No le había pasado nada en concreto y llevaba una vida de lo más normal. Estaba casada, tenía un hijo y trabajaba. No tenía problemas graves ni con su marido ni con su hijo ni en el trabajo. No paraba de repetirme que mucha gente es feliz con el tipo de vida que ella llevaba, pero ella no. Y es que, como podremos ir viendo a través de las palabras de Pep Marí, no es lo que hacemos aquello que nos llena, sino el sentido que le damos.

A Viktor E. Frankl, tal y como nos explica el autor en este libro, le tocó vivir, junto a millones de prisioneros, en un campo de concentración durante días, meses y años espeluznantes. Él, como muchos, perdió a su familia, padeció hambre, frío y todo tipo de brutalidades. Muchos de esos prisioneros acababan suicidándose, pero otros muchos luchaban por seguir viviendo. Frankl fue uno de esos luchadores. Él, como psiquiatra, analizó el porqué de esas diferentes reacciones; llegó a la conclusión de que aquello que más diferenciaba a las personas que se rendían de las que luchaban era el sentido que le daban a esas terribles vivencias. Para él, el sentido se encontraba en todo lo que estaba aprendiendo. Creyó que aquel dolor podría servir para entender más profundamente al ser humano y ayudar, así, a muchas personas. Y así fue, aquella experiencia lo llevó al diseño de la logoterapia. Por

eso se ha convertido en uno de los más famosos psicotera-
peutas del siglo XX.

Una pregunta caracterizaba las psicoterapias de Frankl, una
cuestión que formulaba a sus pacientes: «Y tú, ¿por qué no te
suicidas?». Puede parecer una pregunta macabra, pero no lo
es. La respuesta a esta pregunta nos da pistas sobre el sentido
que otorgamos a nuestra vida.

Existe un bonito cuento al respecto:

> Tres albañiles estaban desempeñando la misma tarea cuando se
> les acercó un hombre que llevaba un rato observando. El hombre
> preguntó al primer albañil:
> —**¿Qué está usted haciendo?**
> A lo que el albañil respondió:
> —**¿Acaso no lo ve…? ¡Estoy amontonando ladrillos!**
> Y continuó con su trabajo después de hacer un gesto moles-
> to, pues consideraba que aquel hombre le había formulado una
> pregunta tonta y de respuesta obvia. El hombre repitió la mis-
> ma pregunta al segundo albañil. La respuesta no se hizo esperar:
> —**¿No ve que estoy levantando una pared?**
> El hombre, perseverante, volvió a hacer la misma pregunta al
> tercer albañil, quien respondió al interrogatorio con una amplia
> sonrisa llena de orgullo y dijo:
> —**¡Estoy construyendo el hospital infantil del pueblo!**

¿Cuál de los tres albañiles es más feliz? Pep nos ayudará a
reflexionar sobre este tema, nos empujará para que pense-
mos sobre nuestra propia vida, sobre nuestras creencias,

que pueden estar boicoteándonos, y sobre cómo podemos cambiarlas. En especial nos ayudará a plantearnos si realmente estamos dando a nuestra existencia el sentido que se merece.

JENNY MOIX
Doctora en Psicología y
profesora de Psicología de la
Universidad Autónoma de Barcelona
Barcelona, mayo de 2012

1.
¿Qué regula el comportamiento de las personas?

Creo que responder a esta pregunta me conducirá a resumirte la historia de mi vida; por lo menos, de mi vida profesional. Estoy convencido de que estudié Psicología para descifrar este misterio. Es más, escribo este libro con la misma intención. Ya me dirás, cuando termines su lectura, si estás más cerca de la respuesta.

La etapa del conductismo

En el año 1984 inicié mis estudios de Psicología en la Universidad de Gerona. Por aquel entonces no era posible terminar la carrera en mi ciudad natal. Allí realicé los tres primeros cursos y los dos últimos los completé en la Universidad Autónoma de Barcelona, en Bellaterra. Me especialicé en psicología experimental, pues me fascina la investigación, y mi prácticum no lo desarrollé con personas, sino con ratas, en el Laboratorio de Psicología Básica. De mis profesores aprendí teorías psicológicas; de mi maestro, Ramón Bayés, aprendí a apasionarme con la psicología, y de las ratas, metodología. Siempre les estaré eternamente agradecido. Lo que más me ha ayudado a abrirme camino en la vida ha sido, precisamente, cuanto me enseñaron. La mezcla de la metodología y de la pasión ha marcado mi forma de interpretar la psicología.

Te cuento mis antecedentes para que entiendas mi primera respuesta a la pregunta que da nombre a este capítulo: la conducta de las personas está regulada por sus consecuencias. El condicionamiento operante de Burrhus Frederic Skinner hizo mella en mis convicciones.

Durante mi época de estudiante me gustaba ir al cine. En especial, me gustaban las comedias. Procuraba ver todas las películas de este género que había en la cartelera. Si soy sincero, debo confesarte que la mayoría me decepcionaban. A pesar de los desengaños, seguía acudiendo a las salas cada vez que se estrenaba una comedia. Y es que, muy de tanto en tanto, una de las comedietas que veía me fascinaba. No había una regla fija (de cada cuatro películas que veía, una me encantaba), sino que era aleatorio. Tanto podía ver siete bodrios consecutivos como dos obras maestras seguidas. Estaba enganchado a las comedias porque la industria cinematográfica me había sometido a un programa de reforzamiento intermitente, idóneo para el mantenimiento de una conducta. Skinner, de nuevo, tenía razón. Era así de sencillo.

Mientras estudiaba Psicología en Gerona, jugaba a tenis de mesa. Mi objetivo era probar la élite de este deporte. Pronto advertí que esa meta no era realista: no estaba dotado para el *ping-pong*. Y, por más que entrenaba, mi progresión no alcanzaba a llamarse élite. Entonces tuve una idea: puesto que yo no llegaría, ayudaría, con la psicología que estaba aprendiendo, a que otros deportistas llegaran por mí. Esta fue la razón por la que cursé asignaturas de psicología del deporte durante el segundo ciclo de la carrera en Bellaterra. El modelo cognitivo-conductual que se proponía para aplicar la psicología al deporte fue el responsable de mi evolución, pues este modelo cuestionaba el conductismo y me introdujo en el apasionante mundo de las creencias. Te presento mi segunda respuesta a la pregunta del millón.

La etapa de las creencias

Mi padre tiene noventa y dos años. Vive con mi hermano en Gerona, pero ocasionalmente pasa el fin de semana conmigo, en Barcelona. Convivir con él es complicado, por lo menos para mí. Su debut en la demencia, sus manías, acentuadas por la senectud, y las limitaciones físicas propias de la edad lo convierten en una persona con escaso margen para la adaptación al entorno. Es entrañable, pero muy cascarrabias. Cuidarlo no es una obligación para nosotros, sino una magnífica oportunidad para devolverle con creces todo el amor que generosamente nos ha regalado a lo largo de su vida.

Cada vez que me visita me propongo no enfadarme, ni una sola vez, con él. Jamás lo consigo. Cuanto más tardo en cabrearme, más fuerte me enfado. Cuando mi padre regresa a Gerona, me arrepiento profundamente de haberme mosqueado con él. Si bastara con Skinner para explicar la conducta, ¿por qué sigo enfadándome, si las consecuencias de estos cabreos son tan negativas para mí?

Me sometí a un programa de entrenamiento en autocontrol para tener más paciencia con mi padre. No funcionó: solo retrasó los cabreos y moderó su intensidad. Fue entonces cuando acudí a las creencias. La salud de mi padre, como era de esperar, empeoraba lentamente. Tanto es así que me planteé, por primera vez en mi vida, que no nos quedaban muchos fines de semana por compartir. Es más, aunque nunca antes lo había pensado, comencé a creer que, a partir de entonces, cada fin de semana que pasaba con él en Barcelona podía ser el último. Desde entonces no he vuelto a enfadarme con mi padre. Ya son tres los fines de semanas seguidos sin mosqueos ni dramones.

Quizás, más que las consecuencias, son las creencias las responsables de nuestros comportamientos. De hecho, estoy convencido de que la labor de un profesional de la psicología consiste en detectar y cambiar aquellas creencias que originan conductas desadaptativas, conductas que causan problemas al individuo o que no le permiten acercarse a su mejor versión.

Ninguna de las personas que ha solicitado mi ayuda me ha dicho: «¡Pep, he descubierto una puñetera creencia que me está arruinando la vida!». Como mucho, me han relatado una serie de síntomas de los que puede deducirse falta de normalidad, percepción de problema e interferencia objetiva de los síntomas en sus actividades habituales. He tenido que ser yo quien ha hecho explícitas las conductas que causan tales interferencias y de nuevo yo, con la ayuda de mi cliente y de su equipo, he traducido esas conductas en creencias. A continuación, se ha tratado de poner a prueba esas creencias rígidas y limitantes. La psicología las cuestiona y el sujeto las cambia. Las creencias no se cambian con la cabeza, sino con el corazón. Es decir, a través de una emoción. Aprendes cuando repites y cuando te emocionas.

La etapa de los valores

En mi biografía profesional, la etapa de las creencias significó un cuestionamiento de la etapa del conductismo. La etapa de los valores, en cambio, más que poner en duda las creencias, las reafirmó. Es más, sin temor a exagerar, podría postular que los valores se corresponden con las creencias más básicas del individuo.

Por ejemplo, si uno de mis valores preferidos es la autonomía, entenderé que mi trabajo consiste en quedarme sin trabajo y trataré, por todos los medios, de fomentar la autogestión de mis clientes.

Para integrar las tres etapas y ordenarlas en el tiempo, me atrevería a proponer lo siguiente:

1 valor = 100 creencias = 1.000 objetivos =
1.000.000 de consecuencias

Los valores son las reglas del juego de la vida. Sirven para tomar decisiones, para ser quienes somos y para adaptarnos al entorno.

¿Qué regula el comportamiento de las personas? Mi tercera respuesta son los valores.

Tomo un café y pago con un billete de diez euros. El camarero me devuelve el cambio de veinte euros. Me doy cuenta de su error y debo tomar una decisión: callo para siempre y gano diez euros o le advierto de su error.

Si le ocurriera lo mismo a Skinner, ganaría diez euros.

Si creyera que el camarero me ha tratado muy mal, callaría para siempre.

Si mis padres me han educado en el valor de la sinceridad, advierto al camarero de que me ha devuelto de más.

No por ser la mejor persona del mundo, no por mi empatía, por nada parecido al altruismo, simplemente para poder dormir tranquilo. La salud mental se basa en la percepción de coherencia entre tus valores, tus objetivos y tus acciones.

La etapa de las necesidades

Y, cuando pensaba que ya lo tenía, aparecieron las necesidades. Quizás aparecieron al final de mi recorrido para integrar todas las etapas.

¿Qué puede condicionar más la conducta que una consecuencia? Una creencia. Más aún, una creencia troncal, cristalizada en forma de valor. ¿Y más que un valor? Una necesidad. Una necesidad incrustada en el ADN psíquico de las personas. Esto es, una necesidad que tienes, aunque no quieras tenerla. Una necesidad común en todas las personas, en todas las civilizaciones y a lo largo de toda la historia. Una necesidad, en definitiva, que tienes por tu condición de ser humano.

En 1943 Abraham Harold Maslow formuló su pirámide de las necesidades de las personas y se sacó de la manga una de las verdades más grandes, a mi juicio, que se han dicho en el ámbito de la psicología: motivar es cubrir necesidades (se refería a las necesidades contenidas en su teoría).

Lo que quiso dar a entender Maslow fue que las personas hacemos cuanto hacemos para satisfacer nuestras necesidades (primero fisiológicas y después psicológicas).

Independientemente de las consecuencias de nuestras acciones, de nuestras creencias y de nuestros valores, los individuos tenemos (insisto, lo queramos o no) una serie de necesidades psicológicas por cubrir. En ello se nos irá la vida.

Estoy en condiciones de compartir contigo mi cuarta respuesta a la pregunta del millón: todo lo que hacemos en este mundo lo hacemos con la finalidad de satisfacer nuestras necesidades de seguridad, de aceptación y de sentido.

En una ocasión escribí estos versos:

Todos tenemos las mismas necesidades,
por eso todos somos iguales.

Otra cosa es cómo las cubrimos,
por eso todos somos singulares.

Nos acercan los destinos
y nos alejan los caminos.

Trataré de integrar ahora, a modo de síntesis final del capítulo, las cuatro etapas y las cuatro respuestas que te he ofrecido. Mi viaje ha comenzado en el conductismo, ha evolucionado por los modelos cognitivo-conductuales y se ha instalado en el humanismo. Ha sido mi particular viaje.

Nos mueve (motiva) satisfacer nuestras necesidades psicológicas básicas (seguridad, aceptación y sentido) y las conductas que llevamos a cabo para cubrirlas dependen de nuestras creencias y valores, que se van modulando en función de nuestra percepción de éxito y de fracaso (consecuencias). Tendemos a repetir aquellos comportamientos que interpretamos que se han mostrado efectivos para cubrir un determinado fin y nos olvidamos de aquellos otros que creemos que no lo han logrado.

Volviendo al final del verso, y ahora sí que para concluir, cuando digo que nos acercan los destinos, me refiero a los objetivos con los que vivimos, esto es, a las tres necesidades. Y, cuando escribo que nos alejan los caminos, aludo a los medios que utilizamos para satisfacerlas, es decir, a todas aquellas conductas compatibles con nuestros valores y sometidas a la corrección del ensayo-error.

2.
Actualizando a Maslow

Aportaciones

Antes de actualizar a Abe, recordemos los aspectos centrales de su aportación a la psicología.

Una teoría sobre las necesidades

Maslow no creía que actuemos en función de unos deseos inconscientes e incontrolados (psicoanálisis), ni tampoco influidos por premios y reforzamientos externos (conductismo), sino más bien condicionados por unas necesidades internas.

Dividía estos requerimientos en dos grupos: las necesidades deficitarias (referidas a una carencia que habrá que cubrir para sacar un suficiente) y las necesidades de desarrollo (relacionadas con una cualidad que habrá que optimizar para aspirar al notable o al excelente).

Dentro de las primeras, y por este orden, están las siguientes:

1) Necesidades fisiológicas: donde también incluía las sexuales.

2) Necesidades de seguridad: tener las necesidades fisiológicas cubiertas hoy y también mañana, y disponer de un lugar donde guarecerse de los medios necesarios para asegurar la supervivencia.

3) Necesidades de afiliación: amor, amistad y compañía, sentimiento de pertenencia a un colectivo.

4) Necesidades de reconocimiento: estatus, prestigio y reconocimiento social.

Las segundas, las relacionadas con el desarrollo, son la autorrealización y la trascendencia. La realización se logra cuando la persona alcanza sus propios objetivos individuales mientras que la trascendencia hace referencia al bien de otros individuos. Esto es, va más allá del yo individual y pone el punto de vista en otras personas o colectivos.

He querido listar las necesidades, en lugar de presentarlas en forma de pirámide, para ser fiel a la historia. A pesar de que el modelo que propuso el autor se ha popularizado con el sobrenombre de la pirámide de Maslow, en su formulación original jamás aparecieron ni pirámides ni triángulos.

Aunque no hizo referencia a esas figuras geométricas, sí formuló que, cuando se satisface un nivel de necesidad, automáticamente se activa el deseo de cubrir el siguiente nivel. De esta forma, introducía el concepto de jerarquía de las necesidades. Y este concepto puede representarse gráficamente de muchas maneras.

A pesar de haber sido muy criticado por la idea de la jerarquía, y con toda la razón del mundo, Maslow admitió que en algunas personas las necesidades pueden presentarse en un orden distinto al que él planteaba. Y llegó a decir incluso que podían no aparecer todas.

Un enfoque positivo de la psicología

Otra de las aportaciones de Abraham Maslow consistió en poner el acento en la optimización más que en la curación. Las corrientes psicológicas que lo precedieron se fijaron en las enfermedades mentales mientras que nuestro protagonista, en lugar de averiguar qué funcionaba mal en las personas, se centró en estudiar todo lo que iba bien. Por este enfoque ha sido considerado uno de los padres de la psicología humanista y positiva.

Al hilo de esta aportación, quiero citar las palabras de uno de sus amigos, Warren Bennis: «Abe Maslow, un chico judío que creció siendo muy pobre, representó el sueño americano. Toda su psicología tenía que ver con posibilidades y no con restricciones. Su metafísica era sobre la posibilidad del cambio y sobre las posibilidades del ser humano de encajar en el modo democrático».

Si me haces definir cómo se comporta una persona optimista, te diré que se centra en las posibilidades y se olvida de las limitaciones. Quizás debo esta definición a mi referente.

Una definición científica de la felicidad

Uno de los múltiples estudios realizados para probar experimentalmente la teoría de Maslow estuvo dirigido por Ed

Diener, de la Universidad de Illinois, en Chicago. El estudio contó con la participación de 60.865 personas de 123 países diferentes, en representación de las principales regiones del mundo. Los investigadores entrevistaron a sus sujetos experimentales con dos objetivos: evaluar en qué medida tenían satisfechas seis necesidades (idénticas y parecidas a las propuestas por Maslow) y valorar su grado de bienestar psicológico a través de tres medidas. Para poder entrevistar a tantas personas, comenzaron la investigación en 2005 y la terminaron cinco años después.

Uno de los resultados del estudio concluye que en todas las culturas analizadas el cumplimiento de las necesidades se correlaciona con el nivel de felicidad (a más necesidades cubiertas, más bienestar psicológico).

Para Maslow, motivar consistía en cubrir necesidades. Motivar y ser feliz. Motivar, ser feliz y funcionar bien. Hoy en día, podríamos sintetizar todos estos conceptos en uno: bienestar psicológico.

Me referiré al estudio de Diener más adelante en este mismo capítulo, pues sus conclusiones serán muy útiles para valorar en su justa medida la aportación de Abe.

Actualizaciones

En primer lugar, debería justificarte por qué Maslow necesita una actualización.

Han pasado setenta y siete años
En el año 1943, Abraham Maslow publica en una de las revistas científicas más prestigiosas de la época, *Psychological Review*, su teoría sobre la motivación humana. Veintiséis páginas son suficientes para trascender y pasar a la historia. Pocas teorías han aportado tanto a los ámbitos de la filosofía, la psicología, la pedagogía y la publicidad.

Hoy en día, muchas campañas publicitarias aún se basan en la pirámide de Maslow y en las empresas siguen utilizándose sus principios para gestionar a personas. Y, por su parte, en el ámbito de la educación se continúan cubriendo necesidades para motivar a los aprendices.

Un empresario ferroviario norteamericano (siento no acordarme de su nombre) expresaba de forma contundente la necesidad del cambio. Por la misma falta de memoria, no seré textual al reproducir su cita, pero sí su sentido: si llevas un año haciendo las cosas de la misma manera, para y reflexiona. Si llevas cinco funcionando igual, introduce cambios. Si llevas diez, tíralo todo por la borda y vuelve a empezar. Los postulados de Maslow llevan usándose casi ochenta años, de modo que toca una revisión en profundidad.

Pero no solo por cumplir tantos años, ni tampoco por la sana necesidad de innovación, sobre todo porque el mundo que nos ha tocado vivir está obsesionado por cambiar. Y cuanto más rápido, mejor. Probablemente, las necesidades de la humanidad hayan progresado más en los últimos veinte años que en el último siglo.

Por todo lo expresado, plantearse una actualización es obligatorio. Más aún si no queremos perder el rigor científico que buscamos.

La jerarquía no se ajusta a la realidad

Uno de los talones de Aquiles de la teoría de la motivación de Maslow es el concepto de jerarquía. Los estudios científicos y la realidad se han encargado de cuestionar que las necesidades se satisfagan en un cierto orden. Antes de continuar, y te prometo que será la última vez que lo haga, quiero recordarte que el autor de la teoría nos advirtió de que no todas las personas cubrían sus necesidades siguiendo el mismo orden. Aunque sí que es cierto que propuso que la mayoría de los individuos satisfacen sus requerimientos de la forma que te he indicado al principio de este capítulo.

Primero te resumo los estudios que cargan contra la jerarquía:

- Existe poca evidencia empírica de la existencia de la jerarquía (Wahba y Bridwell, 1976).
- La teoría de la motivación no tiene en cuenta que las necesidades tienden a cambiar en función de la situación (Wahba y Bridwell, 1976).
- Una persona puede reportar buenas relaciones sociales y sentirse autorrealizada sin tener cubiertas las necesidades más básicas y su seguridad (Tay y Diener, 2011).

A continuación te hablo de hechos:

• Las personas que viven en la pobreza son capaces de necesidades de orden superior (amor o pertenencia). He conocido a pocos indigentes, pero ninguno de ellos renunciaba al amor de los suyos. Es más, en un par de ocasiones, más que alimento, me pidieron que los ayudara a conseguir el abrazo de sus seres más queridos.

• A pesar de que grandes autores y artistas vivieron en la pobreza durante su existencia, se podría argumentar, sin embargo, que lograron cierto nivel de autorrealización. Sin ir más lejos, uno de mis psiquiatras favoritos, Viktor Frankl, formuló su teoría sobre la logoterapia mientras estaba preso en Auschwitz. Según él mismo, escribir ese libro le concedió el sentido necesario para sobrevivir al Holocausto.

Una nueva síntesis de las necesidades
Durante estos setenta y siete años, se han publicado nuevas teorías que han intentado reformular la pirámide de Maslow, y todas pretenden aportar nuevas propuestas. Es decir, parten de la base de que el enfoque original olvidó algunas necesidades básicas o malinterpretó otras (es decir, creyó que se trataba de una necesidad básica y se ha demostrado que no lo era).

Siento ser crítico con estas nuevas formulaciones, pero creo que, más que aportar nuevas necesidades, ponen ejemplos de las ya existentes y, en el mejor de los casos, las rebautizan con otros nombres.

En mi opinión, actualizar a Maslow significa sintetizarlo más que ampliarlo.

El ADN psicológico

En lo que resta de capítulo, me dedicaré a esta labor de síntesis. Como decía Eugenio d'Ors, escritor y filósofo catalán, vale más una buena síntesis que diez resúmenes.

Puntos de partida

1) *Creo que no se ha interpretado correctamente el quinto nivel de la pirámide, el referido a las necesidades de autorrealización y de trascendencia.* Como ya he dicho, las necesidades de autorrealización se satisfacen cuando la persona alcanza sus propios objetivos individuales mientras que las de trascendencia están orientadas al bien de otros individuos. Esto es, la realización es egoísta y la trascendencia es altruista.

Según dijo Maslow: «Para algunos de nosotros, la autorrealización puede lograrse mediante la creación de obras de arte o de literatura. Para otros, a través del deporte, en el aula o dentro de un entorno corporativo».

Creo que con estas palabras el autor de la teoría quiso dar a entender que una persona se siente realizada cuando cree que las ilusiones y los esfuerzos invertidos han valido la pena, es decir, cuando considera que aquello tiene sentido, no cuando se logra el objetivo. Y es que se puede conseguir la meta que se perseguía y creer que la inversión no ha valido la pena, bien porque no había para tanto (una vez logrado, no se cumplen las expectativas depositadas) o porque para lograrlo se tuvo que traicionar algún valor básico.

Para reforzar esta idea de sentido, me refiero a la trascendencia. Si algo se trasciende, es el sentido que se concedía hasta ahora a esa actividad. Al trascender, se concede un significado nuevo a una actividad determinada. Por todo ello, estoy firmemente convencido de que el quinto nivel de la pirámide hace referencia al significado que se concede a las cosas.

Permite que repase ahora los estudios que proponen una revisión del quinto nivel de la pirámide. Me ocuparé de hacerte ver que todos aluden a la necesidad de sentido:

- En 1972, el psicólogo estadounidense experto en el comportamiento de las organizaciones Clayton Alderfer, de la Universidad Rutgers, propuso, con una gran intuición, resumir las cinco necesidades de Maslow en tres (de arriba abajo): existencia, parentesco y crecimiento. Según el autor, cuando una de estas tres necesidades no puede ser satisfecha, la persona duplica sus esfuerzos por rellenar la inmediatamente inferior.
  Si reflexionas acerca de tu existencia, es muy probable que te preguntes por el sentido de tu paso por el planeta Tierra.
- En 2006, el psicólogo Mark Koltko-Rivera sugirió una versión rectificada de las necesidades de Maslow. Entre las nuevas necesidades aportadas están las estéticas (en todas las culturas hay ciertas personas motivadas por experiencias estéticas gratificantes) y las cognitivas (la mayoría de las personas tienen la necesidad de cono-

cer). Así pues, la búsqueda de la belleza y del conocimiento pueden ser dos misiones que den sentido a una existencia.

• En 2010, un equipo de psicólogos comandado por Douglas Kenrick, de la Universidad Estatal de Arizona, eliminó la necesidad de autorrealización del modelo original al considerar que no constituye una necesidad básica.

Puede que la realización no sea una necesidad básica (el propio Maslow sostenía que solo un 2 % de los individuos lograban satisfacer tal necesidad); en cambio, la necesidad que aquí se propone, la de sentido, sí que lo es (como se encargaría de demostrar Viktor Frankl), pues el cien por cien de los individuos necesitan dotar de sentido sus vidas, sus actividades y sus relaciones.

Por cierto, este equipo de psicólogos de Arizona, que publicaron sus trabajos en la revista internacional *Perspectives on Psychological Sciences*, en sustitución de la necesidad de autorrealización propusieron otras tres: la adquisición de pareja, la retención de la misma y la maternidad/paternidad. Su propuesta, además de estar contaminada culturalmente, demuestra, de nuevo, la hipótesis del sentido.

Sin ir más lejos, quien te escribe no siente ninguna de estas tres necesidades. Ahora bien, no puedo dormir cuando no encuentro sentido a lo que hago.

2) *Las necesidades de afiliación y de reconocimiento son la misma necesidad: la de aceptación.*

Voy a tratar de calcular el máximo común divisor de los siguientes conceptos: afiliación, amor, amistad, compañía, pertenencia, reconocimiento, estatus y prestigio. Creo que ya lo tengo: aceptación. Todas las personas, sin excepción, tenemos la necesidad de sentirnos aceptadas, queridas, valoradas, tenidas en cuenta, importantes y protagonistas por nuestro equipo de gala.

Este equipo de gala va cambiando a lo largo de la vida: fichas, renuevas y cesas. Eres el seleccionador de tu vida. El número de jugadores de tu equipo oscila entre un mínimo de uno y un máximo de siete mil setecientos millones. Cuando eres joven necesitas la aprobación del universo. Cuando eres adulto te basta con la de los tuyos. Cuando maduras solo necesitas tu propio consentimiento.

En un artículo de opinión publicado por David Tejo en 2016, se hace referencia a unas declaraciones de Sergio Sánchez (MBA por la Escuela Europea de Negocios) según las cuales el vértice superior de la pirámide de Maslow está cambiando. Ahora la necesidad que ocupa la cúspide es compartir nuestros logros en las redes sociales, una tendencia que se denomina autoexpresión. Puede que eso, efectivamente, esté ocurriendo. Pero esa necesidad no es más que aceptación.

La necesidad no es compartir, es alardear. Quien comparte busca el bien del otro mientras que quien alardea, el propio. Nadie sube sus logros a las redes para trascender, pasar a la historia y ser útil a los demás, sino que se exponen los propios logros para engordar el ego, el estatus y el prestigio.

3) *El wifi sí que es una auténtica actualización de las necesidades de seguridad.* El mismo autor que acabo de citar, Sergio Sánchez, apunta que la conexión permanente a internet se ha convertido en una necesidad básica, equiparable a las fisiológicas y muy relacionada con la seguridad.

Digo esto porque en este capítulo defiendo que actualizar a Maslow, en mi opinión, significa simplificarlo, jamás ampliarlo. Pues bien, te presento la excepción que confirma la regla: el wifi. ¿Ves cómo las necesidades cambian?

3.
Los puntos de apoyo

Todos hacemos un montón de cosas. Todos ponemos nuestra ilusión en mil actividades, tanto profesionales como personales. Pero todas esas inversiones no son igual de importantes, solamente algunas de ellas dan sentido a nuestra vida, nos conceden autoestima y regulan nuestro estado de ánimo. Esas dedicaciones, las verdaderamente importantes para nosotros, son nuestros puntos de apoyo, nuestros pilares anímicos.

Los puntos de apoyo habituales para la mayoría de las personas son la pareja, la familia, los hijos, los amigos, el trabajo, los estudios, las aficiones, sus proyectos y todas aquellas actividades en las que invierten muchos esfuerzos, ilusiones y horas de dedicación.

Si tienes cinco puntos de apoyo, vas a ser una persona emocionalmente estable. Cuando alguno de los pilares se cae, el edificio, que eres tú mismo, no se derrumba; sigue en pie. Las cuatro patas restantes se encargan de mantener el equilibrio. Es más, apoyándote en ellas, puedes levantar la quinta pata que se cayó.

Si tienes cinco puntos de apoyo, eres estable, pero repartes demasiado tus esfuerzos y tus ilusiones. Es por esto mismo que te resulta difícil destacar en alguna de esas cinco actividades. Con cuatro pilares, te ocurrirá más o menos lo mismo que con cinco.

Podrías pensar que la solución, para no repartir tanto tus dedicaciones, pasa por concentrar todas tus inversiones en una sola actividad, una única ocupación. No es tan sencillo. Sostener todo el edificio sobre una sola pata plantea demasiados inconvenientes.

Primero, genera adicción. Tener una necesidad y una sola manera de cubrirla te hace depender de esa única posibilidad. Por ejemplo, todos necesitamos intimar. No se trata de tener muchos conocidos, sino de tener unos pocos amigos de verdad. Pero, si solo tienes un amigo íntimo, cuando se va tres meses a Australia, te quedas colgado. En cambio, si tienes tres íntimos, entonces no dependes de ninguno de ellos.

El segundo inconveniente de tener un solo punto de apoyo es la inestabilidad. Si solo dependes anímicamente de tu trabajo, y tienes serios problemas con tu jefe, el edificio entero se viene abajo. Es más, ¿dónde te apoyas ahora para volver a levantarte?

Las personas que funcionan con un solo pilar tienen un estado de ánimo muy variable. Pueden estar muy contentas por la mañana, tristes por la tarde y otra vez animadas por la noche, sin que haya ocurrido nada en sus vidas que justifique estas oscilaciones.

Y la tercera desventaja de apoyarse en una sola pata es la obsesión. Cuando piensas en una sola cosa o persona durante las veinticuatro horas del día acabas concediéndole más importancia de la que probablemente tiene. Relativizar, conceder a las cosas su justa relevancia, resulta imprescindible para ser eficaz. Estar enamorado, obsesionado por alguien, resulta apasionante, pero poco recomendable para tu salud psicológica si dura mucho tiempo.

Resumiendo: con cinco o cuatro puntos de apoyo eres estable, pero difícilmente lograrás la excelencia en una de esas actividades. La solución no pasa por depender de un solo pilar. Una única pata, lejos de simplificarte la vida, te la complica. Te hace dependiente, te obsesiona y te desestabiliza; aunque puede que te convierta en un genio.

Por cierto, depender de una sola pata implica los mismos problemas que apoyarte en dos. Cuando se quiebra una de las dos, o bien se desploma el edificio o bien te lo juegas todo a una sola carta.

¿Y qué ocurre cuando te basas en tres puntos de apoyo? Pues que consigues un buen equilibrio, logras estabilidad y eres capaz de centrar el esfuerzo. Si pierdes una de las tres patas, no hay problema, con dos el edificio se sostiene.

Disponer de tres puntos de apoyo presenta, además, una gran ventaja. Te permite centrarte en una de esas ocupaciones y utilizar las otras dos para cargar las pilas. Funcionar así te acerca a la maestría en esa actividad.

¿Y qué tiene que ver todo esto con el objetivo de este libro? Pues que nuestros puntos de apoyo son las necesidades que hemos podido cubrir. Todos tenemos tres grupos de necesidades psicológicas: seguridad, aceptación y sentido. Sentirnos seguros, sentirnos queridos y creer que aquello que hacemos tiene sentido.

Según las necesidades que tengas cubiertas, esto es, según tus puntos de apoyo, te diré quién eres. Si cubres solamente una de las necesidades, sea cual sea, será como si apoyaras todo el edificio en un solo pilar. Te convertirás en una persona dependiente. Si logras cubrir dos de tus tres necesidades, alcanzarás un cierto grado de equilibrio, aunque no del todo estable. Con dos necesidades satisfechas, no importa cuáles, con dos puntos de apoyo, serás una persona adaptada al entorno que te ha tocado vivir. Pero solamente si cubres tus tres necesidades te convertirás en una persona psicológicamente sana.

- Una necesidad cubierta: una persona psicológicamente dependiente.
- Dos necesidades cubiertas: una persona adaptada.
- Tres necesidades satisfechas: una persona psicológicamente sana.

Permíteme que desarrolle estas propuestas.

4.
Todos tenemos seis necesidades psicológicas

Los seres humanos nos pasamos toda la vida persiguiendo objetivos y planteándonos retos. Entre todas estas metas existen algunas que no nos podemos permitir dejar de buscar, dejar de anhelar, dejar de querer. Estas que todos buscamos, que forman parte del ADN psíquico, que vienen incorporadas de serie; estas son las necesidades psicológicas básicas de las personas.

Una necesidad es un requerimiento imprescindible para asegurar la supervivencia, primero, y el completo desarrollo, después, de la persona en el contexto que le ha tocado vivir.

Desde mi punto de vista, existen tres grupos de necesidades psicológicas.

a) Necesidades de seguridad

Las personas necesitamos creer que controlamos nuestro entorno inmediato y nuestras propias emociones; todo con el objetivo de garantizar nuestra supervivencia y adaptación. Estas necesidades nos vienen dadas por nuestra condición de animales.

b) Necesidades de aceptación

Los seres humanos necesitamos sentirnos aceptados por aquellos que queremos que nos quieran y por nosotros mismos. Recibimos esta herencia por el hecho de ser animales sociales.

c) Necesidades de sentido

La gente necesita creer que aquello que hace tiene sentido y que aquellas actividades en las que invierte esfuerzos e ilusiones valen la pena. Necesitamos sentido por el hecho de ser algo más que unos meros animales sociales. Algunos dirían que somos también animales espirituales, yo no me atrevo a tanto. Para mí, todas las necesidades espirituales de las personas se reducen a la búsqueda del sentido.

Nuestras inversiones deben tener sentido para nosotros mismos y, si puede ser, también para los nuestros.

Fíjate que cada uno de los tres grupos de necesidades siempre se divide, a su vez, en otros dos.

- Seguridad: control del entorno (seguridad) y de las propias emociones (autocontrol).
- Aceptación: aceptación de los otros (aprobación social) y aceptación de uno mismo (autoestima).

• Sentido: vale la pena para mí (sentido personal) y también para los míos (sentido social).

¿Y por qué este desdoblamiento? Esto es sencillo de justificar. La psicología estudia todo aquello que las personas hacemos, sentimos y pensamos para adaptarnos al medio que nos ha tocado vivir. Es por esto mismo que para hablar de psicología necesitamos, como mínimo, dos elementos: la persona y su entorno. Tres grupos de necesidades por dos elementos cada una resultan un total de seis necesidades psicológicas básicas. Para que puedas reconocer cada uno de los tres grupos de necesidades planteadas te voy a presentar algunos ejemplos reales.

Ejemplo n.º 1. Las necesidades de seguridad
Tuve que lidiar profesionalmente con tres colectivos. Los tres presentaban dos rasgos comunes: eran deportistas y habían sufrido un trauma que les había arrebatado su seguridad. En los tres casos el objetivo de mi intervención fue el mismo: recuperar cuanto antes la normalidad.

Los primeros fueron los jugadores del Rosario Central Cataluña, equipo que militaba en la Tercera Territorial catalana de fútbol. Fueron brutalmente agredidos en el terreno de juego por sus rivales. Hubo hospitalizaciones y detenciones. Los jugadores del Central, y sus respectivas familias, tenían tanto miedo de que se repitieran los hechos que llegaron a plantearse abandonar la competición y disolver el club.

Los segundos fueron los entrenadores del Club de Béisbol de Sant Boi de Llobregat, en Barcelona. Un tornado provocó el hundimiento del techo del túnel de pateo donde los jugadores estaban entrenando. Como algunos recordarán, fallecieron cuatro niños y otros tantos fueron hospitalizados.

Y el tercer caso lo protagonizó el Club Manyanet, de Primera División catalana de balonmano. Uno de sus jugadores falleció de muerte súbita durante el entrenamiento, ante la perplejidad de los allí presentes. Sus entrenadores, primero, y las asistencias médicas, después, intentaron sin éxito reanimarlo.

Los tres colectivos perdieron algo o a alguien durante los incidentes. Los futbolistas perdieron una de las pocas actividades que les concedía autoestima y les facilitaba su integración social: el deporte. Los jugadores de béisbol perdieron a cuatro de sus compañeros y los de balonmano, a uno de los suyos.

Pero todos perdieron el control sobre su entorno, todos perdieron su seguridad. Los futbolistas temían encontrarse por la calle a alguno de sus agresores. Los entrenadores de béisbol temían que el fuerte viento provocara otra tragedia. Y los jugadores de balonmano, que se repitiera aquella desgracia.

Hicieron falta unas cuantas sesiones de trabajo para identificar y afrontar miedos, dudas y culpas provocadas por los accidentes. Para poder continuar, los protagonistas de estas historias necesitaron sacar fuera todo aquello que dolía dentro.

Entonces sí pudimos iniciar el retorno a la normalidad. Se trataba de volver a hacer cuanto se hacía antes de los incidentes. Progresivamente, sin forzar demasiado y consensuando con el grupo cada una de las decisiones, los afectados iban recuperando sus actividades habituales.

Nunca les dije aquello que debían sentir. Solamente les sugería aquello que debían hacer. La psicología no les iba a quitar el miedo; más bien les serviría para que ese miedo no creciera. La mejor manera de superar un miedo consiste en afrontarlo.

Sin seguridad aparece el miedo. Con seguridad, la confianza. De ahí que aumentar la sensación de control, ya sea de uno mismo o de su entorno más inmediato, sirva para controlar los nervios y reducir el pánico.

Ejemplo n.º 2. Las necesidades de aceptación

El 18 de enero de 2008 publiqué en *Mundo Deportivo* de Barcelona el siguiente artículo. Fernando Alonso se había cambiado de escudería. Atrás quedaban los problemas con Ron Dennis, mánager general de McLaren-Mercedes, y delante se abrían las puertas de Renault F1, de la mano de Flavio Briatore.

Fernando ha recuperado su identidad. Varias son las señales de esta pronta recuperación. En Jerez su rostro le delataba. Se le veía feliz e ilusionado. Al volante de su antiguo monoplaza marcó el mejor tiempo de las tres jornadas de pruebas: 1:59:503. Ese mismo coche, conducido por Nelsinho, se quedó a más de dos segundos el día anterior. Volvió a sonreír, volvió a estar delante y recuperó su ambición. Sus declaraciones destilaban unas ganas tremendas de seguir creciendo como piloto.

Hace poco el panorama era completamente distinto. Aún guardamos en la memoria los enfrentamientos con su antigua escudería. Aquella situación llegó a interferir en el rendimiento de Fernando. Perdió la regularidad en el asfalto y la implicación en el equipo.

¿Qué ha cambiado para permitir una evolución tan rápida? Las habilidades de Fernando, su talento y sus conocimientos siguen siendo los mismos. Quizá no ha cambiado nada en él, pero sí en su entorno de trabajo. Probablemente ahora se siente más querido que antes. Veamos algunos ejemplos.

Estando en Jerez, nada más concluir la segunda jornada de pruebas, Alonso viaja al cuartel general de Renault. Se traslada hasta la fábrica de Enstone para colaborar en la puesta a punto de su próxima herramienta de trabajo, el R28. Traslada a los fabricantes sus sensaciones y comentarios para que los tengan en cuenta en el momento de ultimar la preparación del nuevo coche. Aprovecha su presencia en la fábrica para terminar de ajustar el asiento de su nuevo monoplaza.

En la escudería se introducen cambios en el organigrama para adaptarse a la voluntad del piloto. Las personas que durante su anterior etapa en Renault habían colaborado estrechamente con Fernando van a estar muy cerca de él. Se adaptan los elementos del coche y las personas del equipo a las necesidades del piloto. Todo con el objetivo final de que Alonso se sienta a gusto en su nueva casa. El asturiano siente que se le está haciendo un traje a medida. El piloto se siente especial de nuevo.

Fernando, en unas declaraciones recientes, manifiesta: «Todas las sensaciones que tienen los técnicos son esperanzadoras y confío en ellos». Esto tiene dos grandes consecuencias en su trabajo: confianza y concentración. Estar seguro de su equipo aumenta la confianza en sus posibilidades. Y, como confía en el trabajo de los profesionales que le rodean, puede delegar en ellos. De esta forma puede centrarse exclusivamente en la conducción.

El antiguo patrón de Fernando presumía de tratar por igual a los miembros del equipo. Flavio Briatore trata a los pilotos en función de sus necesidades individuales. Para sacar el máximo rendimiento de un equipo de trabajo es necesario tratar diferente a cada uno de sus miembros, pero eso no es suficiente. Conviene, además, hacer entender al resto del colectivo que ese trato es lo mejor para la persona que lo recibe y también para todo el equipo.

Veremos si Flavio es capaz de hacer entender los tratos diferenciales durante toda la temporada. De momento, Fernando parece sentirse más cómodo con este nuevo estilo de dirección.

El nuevo proyecto de Fernando es a dos años vista, pero en la primera oportunidad que ha tenido ya ha marcado el mejor tiempo de las pruebas. Quizás uno de los factores que más ha contribuido sea el clima laboral que se respira en su nueva escudería.

Ejemplo n.º 3. Las necesidades de sentido

La Maratón de la Televisión de Cataluña (TV3) dedicada a las lesiones medulares y cerebrales adquiridas, celebrada el año 2010, nos aporta varios ejemplos de trascendencia. En concreto, vamos a centrar nuestra atención en su *spot* publicitario: el anuncio resumía en menos de dos minutos la historia de la familia Hoyt.

Al nacer, el cordón umbilical se enredó en el cuello de Rick Hoyt. Eso le impidió que le llegara oxígeno al cerebro y le provocó una parálisis cerebral. Cuando Rick tenía ocho meses los médicos recomendaron a sus padres poner fin a la vida de su hijo. Sus padres, lejos de resignarse, hicieron cuanto estuvo en sus manos para mejorar la calidad de vida de Rick. Así fue como, gracias a la colaboración de la universidad de su estado, lograron que su hijo pudiera comunicarse por medio de un sofisticado soporte informático. Más tarde esta tecnología permitiría a Rick cursar estudios universitarios.

Lo primero que Rick escribió con su ordenador fueron unas palabras de ánimo dirigidas al equipo de *hockey* de su ciudad. Esto permitió a los padres encontrar una fuente de motivación capaz de movilizar a su hijo.

Siguiendo esta pista, el padre (por aquel entonces militar en activo de las Fuerzas Armadas de Estados Unidos) y el hijo decidieron participar en una carrera en homenaje a un amigo paralítico de Rick. El padre empujó la silla de su hijo hasta cruzar la línea de meta. Recorrieron juntos algo más de cinco kilómetros. Al terminar, Rick le dijo a su padre que mientras competía sentía como si su discapacidad desapareciera.

A partir de entonces han participado en multitud de maratones y de triatlones. Por mar, Dick desplaza con su nado un bote donde viaja Rick. Por tierra, empuja la silla y pedalea para arrastrar un carro donde viaja su hijo.

Dick no compite para ser famoso, para estar en forma, por dinero o para ganar. Lo hace para hacer feliz a su hijo. Me atrevería a decir que participa en estas carreras para curar a su hijo, para hacerle olvidar su discapacidad. Dick Hoyt trasciende cada vez que toma parte en estas pruebas de fondo. Solo es necesario ver alguna de las muchas grabaciones disponibles en YouTube para darse cuenta de que el teniente coronel ya retirado funciona con pilas alcalinas.

Dick y su esposa hicieron cuanto estuvo en sus manos para que Rick gozara de autonomía a pesar de su discapacidad. Poco más les queda por hacer. Nunca aceptaron sus limitaciones y se rebelaron en contra de la resignación. Superados el control y la aceptación, solamente les quedaba la trascendencia para seguir avanzando en la adaptación de su hijo. Y encontraron la forma de ir más allá gracias a las carreras.

La principal discapacidad es una actitud equivocada. Rick lleva la silla en el culo, nunca en la cabeza.

En estos tres ejemplos podemos ver cómo las personas no podemos dejar de intentar cubrir las necesidades psicológicas básicas. En el primer caso se trata de recuperar el control del entorno y de las emociones, de superar el miedo a que la tragedia se repitiese y recobrar la sensación de seguridad.

De otro modo, no habrían podido continuar con su actividad deportiva. En el segundo caso, Alonso había bajado su rendimiento porque no conseguía sentirse aceptado e integrado en su equipo de trabajo, y en el tercero, los padres de Rick no pararon hasta trascender las limitaciones de su hijo y hallar un sentido a sus esfuerzos.

5.
¿Qué pasa cuando cubres una necesidad?

Cuando cubres una necesidad experimentas placer

Cubrir una necesidad produce placer: aquello que buscamos todos los seres vivos a lo largo de nuestra existencia para sentirnos efectivamente vivos. Permíteme que te presente un estudio para argumentar esta afirmación.

La investigación se publicó el 15 de marzo de 2012 en la prestigiosa revista científica *Science*. La realizó el Departamento de Anatomía de la Universidad de California (San Francisco) y accedo a ella a través de las páginas de divulgación científica de *El Periódico de Cataluña*. El experimento se llevó a cabo con moscas *Drosophila* y versaba sobre los mecanismos cerebrales de la adicción.

Dos grupos de moscas, machos y hembras, con acceso a dos tipos de comidas, con y sin alcohol.

Según los resultados de este estudio, las moscas macho que buscan aparearse y son rechazadas por las hembras son más propensas a consumir alcohol que aquellos machos que han triunfado. En otras palabras, los machos que no logran copular se dan a la bebida.

Cabe recordar que las moscas no tienen creencias. Ni se comen el coco pensando que han perdido atractivo por culpa de la edad (los machos solo viven treinta y tres días de promedio) ni pierden su autoestima por sentirse rechazados. Si no hablamos de creencias, hablamos de fisiología. Si los comportamientos no son producto de un aprendizaje, entonces son el resultado de mecanismos más instintivos.

¿Y por qué, entonces, si no necesitan ahogar sus penas, los machos se dan a la bebida? Por placer, para experimentar placer, el máximo placer posible. Esta es una prueba de que todo ser vivo aspira al placer.

Experimentas placer, lo valoras y lo clasificas

Las moscas no tienen creencias, ni opiniones, pero las personas sí. Las moscas no valoran el placer; lo sienten y punto. En cambio, las personas nos complicamos la vida. En función de nuestro pasado, presente y futuro, evaluamos aquellas sensaciones de placer que experimentamos. Nuestro historial de placeres, nuestras posibilidades actuales y nuestros anhelos acaban por dar intensidad y duración al placer que sentimos.

Nuestro historial de placeres recordados condiciona nuestra valoración. Aquella persona que ha experimentado pequeños placeres ante un placer normal tendrá una experiencia máxima. Por el contrario, aquella persona acostumbrada a intensas y sostenidas sensaciones agradables será difícilmente impresionable.

También nuestro presente desempeña un papel importante a la hora de valorar el placer. Creer que estamos al máximo de nuestras posibilidades actuales de experimentar placer convierte la situación en mucho más agradable.

Y, para terminar, nuestro futuro. Nuestros propósitos y nuestros sueños también condicionan nuestras valoraciones del placer. Cuanto más cerca está el placer que sentimos del placer que anhelamos, mejor lo valoramos.

Hasta ahora te he contado que cubrir cualquiera de los tres grupos de necesidades produce placer y que la valoración psicológica de ese placer fisiólogo se llama satisfacción. De ahí que a veces, en lugar de utilizar la expresión «cubrir las necesidades», te diga «satisfacer las necesidades». Acabo de explicar que la duración y la intensidad de esa satisfacción depende de tu pasado (historial de placeres), de tu presente (valoración de las posibilidades actuales de experimentar placer) y de tu futuro (sueños y objetivos).

Sientes placer, lo valoras y lo clasificas. Para clasificarlo utilizas tres criterios:

a) Intensidad de la satisfacción: baja, media y alta.
b) Duración de la satisfacción: limitada (un momento, unos

días, una época de mi vida) e ilimitada (durante el resto de mi vida).
c) Tipo de necesidad satisfecha (seguridad, aceptación o sentido).

Tomando como referencia estos criterios que acabo de enunciar, te propongo una primera definición de felicidad.

La felicidad es un tipo de satisfacción, resultado de cubrir cualquiera de los tres grupos de necesidades, que se caracteriza por una duración limitada y una intensidad media o alta. En función de las necesidades que hayas cubierto, esta satisfacción llamada felicidad adopta nombres diferentes. Sí, hay muchas maneras de ser feliz, concretamente, seis. Aquí van algunos ejemplos.

Necesidad	Satisfacción	Insatisfacción	Ejemplo
Seguridad	Confianza	Miedo	n.º 1
Aceptación	Amor	Soledad	n.º 2
Sentido	Realización	Vacío existencial	n.º 3

Turno para los ejemplos. Todos están extraídos del libro titulado *Miedo a la oscuridad*, de los autores Albert Bargués y Francesc Cusí. A lo largo del libro se describen los sentimientos más íntimos del navegante en solitario. Cuando sientes placer, lo valoras y le pones un nombre, puede que utilices alguno de los contenidos de la tabla anterior.

Ejemplo n.º 1. Aceptar la fatalidad

Es ahora cuando comprendo que esa ansiedad y ese nerviosismo que sentía dentro de mí durante toda la tarde, mientras intentaba esquivar las tormentas, puedo bautizarlo como quiera, pero, en definitiva, no era más que miedo. ¿Miedo a morir? ¿Miedo a que nadie sepa nada más de mí? ¿Miedo a estar solo? ¿Miedo al sufrimiento físico? [...] Era quizá miedo a algo que no podía controlar de ninguna de las formas. [...] El miedo ha estado presente mientras había incertidumbre e indecisión. Cuando los acontecimientos no han dejado lugar para ello y tan solo me quedaba aceptar lo que quisiera venir, el miedo ha dejado de existir.

Espero algún día, aunque ello me dé miedo, volver a vivir la sensación del miedo y saber otra vez sacarle todo el provecho que él nos puede reportar. Porque, en definitiva, el miedo existe y lo importante es saber jugar con él. A veces pienso que el miedo es a nuestra mente lo que el dolor es a nuestro cuerpo. Y saber darle al dolor su justo valor es muy importante.

Ejemplo n.º 2. Miedo a morir solo

Qué susto más grande he tenido. Qué miedo he sentido, no tanto por la muerte en sí, sino más bien por la muerte lejos de aquellos a quien yo más quería, por la muerte en soledad. [...] He comprendido la tragedia de la soledad cuando, frente a lo más duro de esta vida, que es la muerte, nadie está cerca de ti para apoyarte, ayudarte y quiza salvarte. He comprendido, o creo haber comprendido, lo que es la soledad con mayúsculas.

Ejemplo n.º 3. Sorpresas al llegar

En casi todas mis llegadas, sobre todo en solitario, siento la necesidad de recogerme y de vivir esos instantes en una especie de liturgia íntima y personal que puede llevar a creer que carezco de sentimientos y de emociones. Nada más lejos de la realidad. Ocurre que no me gustan ni el espectáculo ni el *show*. Dentro de mí no puedo dejar de pensar y sentir que la alegría de mi llegada a tierra contrasta con la tristeza de ver que algo maravilloso se está acabando.

Al llegar a tierra tengo la necesidad de aislar mi sentimiento de todo cuanto me rodea, haciéndolo muy mío y sintiéndolo de una forma íntima y personal. Es un instante breve, pero sublime y emocionante por cuanto en él se juntan sentimientos y emociones contradictorias. En ese choque de sensaciones, en esa dualidad de sensaciones, en ese contraste de gustos hay algo estremecedor y único. Quizá sea una actitud egoísta no querer compartir con los demás ese instante de alegría. No me importa. Es uno de los grandes placeres que encuentro en mi trabajo.

¿Y para qué me cuentas todo esto? ¿Por qué me hablas de necesidades, de satisfacciones, de duración y de intensidad? Para que entiendas la relación existente entre cubrir tus necesidades y ser feliz. Para que ordenes tus emociones, para que llames a tus sentimientos por su nombre y, sobre todo, para que te des cuenta de que dispones de varios caminos para experimentar felicidad. En concreto, tienes seis formas de sentirte feliz, cubriendo cada una de las seis necesidades psicológicas básicas que tenemos incorporadas de serie en nuestro ADN psíquico.

6.
Dime qué necesidades tienes cubiertas y te diré cómo funcionas

¿Cuándo se tienen las necesidades cubiertas? La respuesta depende del tipo de necesidad. Si nos referimos a las necesidades de seguridad y de aceptación, la respuesta es clara: cuando la persona siente que las tiene cubiertas. No hace falta que realmente estén satisfechas, es suficiente con que la persona crea que lo están. Al fin y al cabo, estamos hablando de psicología y, por tanto, de valoraciones, creencias y opiniones. No importa la realidad, sino la interpretación que hacemos de ella.

Si atendemos al tercer tipo de necesidades –las de sentido–, entonces cambian las reglas del juego. Hasta ahora no hacía falta conseguir realmente satisfacer las necesidades, bastaba con creer que se habían cubierto. Con relación al sentido, ni tan siquiera eso es necesario. No hace falta conseguir aquello que da sentido, resulta suficiente anhelarlo, buscarlo, perseguirlo activamente. No es preciso creer que se ha conseguido, basta con creer que se está en camino de conseguirlo. Pelear por alcanzar aquello que concede sentido, el mero hecho de luchar por ello, nos hace creer que la lucha está valiendo la pena. Esto ocurre únicamente en relación con las necesidades de sentido.

De la misma manera que, «cuando te planteas dejar algo, ya lo has dejado»; cuando te propones conseguir algo, desde ese preciso instante, ya has empezado a conseguirlo. Querer no es poder, pero querer es el primer paso para poder.

La seguridad y la aceptación implican una relación con el medio que te ha tocado vivir. El sentido parte de una relación contigo mismo. Es por eso que es más subjetivo aún. Te puedes sentir muy seguro, pero, si te cae el tejado encima, pronto cambiará tu valoración. Te puedes sentir la persona más querida del mundo, pero, si de repente todos los tuyos no quieren saber nada de ti, te sentirás un desgraciado. Ahora bien, si cuanto haces tiene sentido, eso solamente lo decides tú.

Antoine de Saint-Exupéry, el aviador y autor de *El principito*, acuñó una cita que me cambió la vida desde la primera vez que la leí. Dice así: «Si quieres construir un barco, no empieces por distribuir el trabajo, recolectar maderas o dibujar los planos. Empieza por inculcar en los hombres el anhelo de mar libre y ancho».

Estos marineros no necesitan ver construido el barco para dotar de sentido su trabajo. El mero hecho de soñar con salir a navegar les sirve para valorar que todos aquellos esfuerzos valdrán la pena. Serán felices mientras construyan el barco y se sentirán realizados cuando surquen con él los mares. Para sentirse plenamente realizado, sí que hace falta creer que se ha alcanzado el objetivo que se perseguía.

¡Y ahora sí! Ahora empieza el juego. Tú me dices qué necesidades tienes cubiertas y yo te digo quién eres.

Si solo tienes cubierta una necesidad

Como ya sabes, todos queremos aquello que no tenemos. Y resulta de una lógica aplastante, pues buscamos aquello que nos falta para poder satisfacer todas nuestras necesidades, sobre todo aquellas que nos vienen dadas de serie por nuestra condición de humanos. De esta forma podemos llegar a ser todo cuanto podamos ser.

Quien ya tenga seguridad, buscará aceptación y sentido. A quien solo le falte aceptación, dedicará todos sus esfuerzos a quererse más a sí mismo y a conseguir que le quieran los suyos. Quien se sienta seguro y aceptado, se centrará en buscar sentido a sus inversiones vitales.

Como decíamos, quien cubre sus necesidades de seguridad (control del entorno y de sus propias emociones) se siente seguro y confiado. Quien satisface la necesidad de aceptación de los suyos se siente querido. Quien se lleva bien consigo mismo tiene autoestima. Y, finalmente, quien anhela conseguir aquello que dará sentido a su vida se siente lleno existencialmente. Ahora bien, quien, además, cree que lo ha conseguido se siente plenamente realizado. Quien tiene sentido se siente feliz un rato; quien lo consigue es feliz para siempre. Y, si una vez conseguido ese sueño, aparece otro, quizás el primero no era el sueño de su vida.

Si logras cubrir dos necesidades

Seguridad y aceptación
Podrás ser una persona adaptada al entorno que te ha tocado vivir. Pero te faltará algo para terminar de otorgar sentido a tus inversiones vitales. Probablemente centrarás todos tus esfuerzos en encontrarlo.

Seguridad y sentido
Te sentirás algo adaptado al entorno inmediato, pero no del todo. No estarás satisfecho de la cantidad y de la calidad de tus relaciones sociales y, muy probablemente, tu prioridad consistirá en conseguir la aprobación de los tuyos.

Aceptación y sentido
Te sentirás bastante adaptado a tu entorno, pero no completamente. Sentirás que no controlas del todo tu mundo o tus propias emociones. Puede que dediques la mayor parte de tus esfuerzos a ejercer algo más de control sobre tu vida.

Con dos necesidades cubiertas se consiguen dos cosas: la felicidad y la adaptación completa al medio (si las necesidades satisfechas son seguridad y aceptación). A pesar de todo, aún no es posible garantizar la salud psicológica.

Pues sí, tanto hablar de cómo conseguir la felicidad y resulta que la felicidad no es suficiente, al menos, no para ser una persona psicológicamente sana. Porque los seres humanos buscamos mucho más que la felicidad.

Si tienes satisfechas las tres necesidades

En este caso sí puedes aspirar a ser una persona psicológicamente sana:

- Te sientes seguro de ti mismo y del grado de control que ejerces sobre tu entorno.
- Te quieres a ti mismo y te sientes querido por los tuyos.
- Crees que las cosas que haces tienen sentido, tanto para ti como para los tuyos.
- Y, además, crees que las cosas que haces te van a servir para conseguir las cosas que persigues (coherencia).

Una persona psicológicamente sana debe presentar, por lo menos, equilibrio, realización y estabilidad.

Equilibrio
La persona está equilibrada por el hecho de que su estructura psicológica se apoya en tres pilares: seguridad, aceptación y sentido. Cuando uno de los tres cae, el edificio no se derrumba. Cuando un pilar se viene abajo, apoyándose en los otros dos, se puede volver a levantar.

Realización

Para estar psicológicamente sana, la persona debería estar «terminada de hacer». Es decir, llegar a ser todo cuanto en potencia podría ser. Todas las potencialidades se han convertido en realidades. Todas las necesidades psicológicas que el individuo llevaba de serie han sido cubiertas. Ha llegado a su límite de satisfacción.

Sería como aquel pino que se ha terminado de desarrollar y que ha sido tan alto como podía llegar a ser dadas las circunstancias por las que ha pasado durante su vida (escasez de agua, tierra poco abonada, altas temperaturas y fuertes rachas de viento).

Si partimos de la base de que la salud física consiste en el perfecto funcionamiento de todo el organismo, ¿en qué consiste la salud psicológica? En el perfecto funcionamiento de todo el psiquismo. Esto incluye la satisfacción de los tres tipos de necesidades; de lo contrario, la salud nunca sería total. La seguridad debe garantizar la supervivencia. La aceptación debe hacer posible una completa adaptación. Y el sentido debe permitir la completa realización de la persona.

Estas personas se sienten adaptadas, seguras y queridas. Tienen autoestima y creen que están al máximo de sus posibilidades (o en camino de conseguirlo). Y lo más importante, también creen que la mayoría de las cosas que hacen valen la pena, sus inversiones vitales tienen sentido.

Estabilidad

Una cosa es sostenerse por un instante y guardar el equilibrio y otra es ser capaz de mantener ese equilibrio durante un largo periodo. La estabilidad anímica no viene dada por el mero hecho de disponer de tres puntos de apoyo, sino por la coherencia y por el sentido.

Coherencia entre los objetivos y los medios. La persona cree que con los medios que está utilizando tiene muchas posibilidades de conseguir los objetivos que persigue. Coherencia entre objetivos, medios y valores. La persona cree que sus objetivos, los medios que utiliza para alcanzarlos, sus creencias y sus valores son compatibles (esto es, no plantean conflicto alguno).

Coherencia y sentido, los dos ingredientes necesarios para estabilizar la estructura anímica que se basa en tres puntos de apoyo, en tres grupos de necesidades satisfechas.

La necesidad de sentido es la única que permite que la experiencia de satisfacción se prolongue en el tiempo. Esto es así por dos motivos que ya han sido explicados y que ahora toca repasar. Desde el preciso instante en que la persona empieza a invertir esfuerzos e ilusiones para conseguir un objetivo que valdría la pena, desde ese momento, ya se siente satisfecha. Sigue satisfecha mientras persiste la lucha por aquella meta. Y, si llega a conseguirla, esto es, si cree haberla alcanzado, se sentirá eternamente satisfecha, pues aquella meta colmaba sus aspiraciones.

En caso de que, una vez alcanzado aquel objetivo, la persona se marque otro reto aún mayor, significa que aquella meta (aquel proyecto, aquel amor, aquella pasión, etcétera) no era la meta de su vida. Pero, si así fuera, seguiría luchando para hacer realidad aquella nueva meta y seguiría dando sentido y estabilidad a su salud psicológica.

7.
Recursos psicológicos para satisfacer tus necesidades

El objetivo de todos nuestros comportamientos psicológicos (pensamientos, emociones y conductas) no es otro que adaptarse a la realidad que nos ha tocado vivir.

Conozco tres formas de adaptarse a nuestro entorno inmediato:

- Controlar la situación y controlarse a uno mismo.
- Aceptar la situación y aceptarse a uno mismo.
- Cambiar el sentido con el que se afronta la situación.

De hecho, están estrechamente relacionadas con las necesidades que te acabo de exponer, no podría ser de otra manera. El protagonista es siempre el mismo: el ser humano.

Controlar nuestro entorno y nuestras emociones para sentirnos seguros. Muchos de los recursos que manejamos los profesionales de la psicología persiguen este fin. El conocimiento científico tiene esta pretensión: aumentar el control real que ejercemos sobre nuestro mundo. No olvides que este control nos permite vencer el miedo y confiar en nuestras posibilidades.

Ejemplo n.º 1. El conferenciante que controlaba su nivel de activación

Este conferenciante otorgaba mucha importancia a la psicología. Sabía que necesitaba un nivel más bien alto de revoluciones para poder impartir sus mejores charlas. Si el 0 significa a punto de dormirse y el 10 a punto de pegar a alguien, su nivel de activación óptimo para dar la conferencia se situaba entre el 6 y el 8. Es por esto mismo que no paraba de moverse por el escenario, gesticulaba y hacía participar al público asistente constantemente. Corría un riesgo al querer llegar hasta el 8: pasarse de largo y colocarse en un 10. Cuando estaba demasiado activado se olvidaba de poner ejemplos, se le trababa la lengua y desordenaba su discurso.

Para ajustar de nuevo su nivel de activación disponía de un recurso de autocontrol: un par de respiraciones profundas. Entre pausa y pausa, se colocaba de cara a la pizarra y realizaba un par de respiraciones. Primero llenaba el pecho y después el abdomen. Inhalaba por la nariz y soltaba lentamente el aire por la boca. Inspiraba contando mentalmente hasta seis y espiraba contando hasta ocho.

Cada vez que la cara, los gestos o las preguntas de los alumnos indicaban que se estaba precipitando por un exceso de activación repetía el ritual y realizaba un par de respiraciones. Todo volvía a su sitio, de nuevo se encontraba entre un 6 y un 8, perfectamente ajustado.

Cuando este control no es posible, o bien cuando no es suficiente para garantizar la completa adaptación, entra en escena la aceptación de la situación y de uno mismo. Es el turno de la filosofía y de la psicología de corte más cognitivo. Puesto que no puedes cambiar la realidad que te ahoga, céntrate en cambiar tu forma de interpretar dicha realidad. Se trata de encontrar la forma más adaptativa de afrontar esas situaciones.

Ejemplo n.º 2. El chiste del tipo que se meaba en la cama

Dos amigos tienen el siguiente diálogo:

—¿Cómo te va la vida?

—¡Fatal!, tengo un problema que me está amargando la vida. Tengo cincuenta años y aún me hago pis en la cama. No puedo salir de casa, los amigos se mofan de mí, no me puedo quitar el tema de la cabeza.

—Esto te ocurre porque quieres, hay profesionales que te podrían ayudar...

—¡Los he consultado todos! Médicos, psiquiatras, endocrinólogos...

—¿Y psicólogos? ¿Has visitado a algún psicólogo?

—A ninguno, de hecho, ni tan siquiera sé a qué se dedican.

—Son los profesionales que te van a ayudar a superar el problema. A mí me ocurrió algo parecido, consulté a un psicólogo y me fue genial. Tengo su número en la agenda, te lo paso y vas. ¡Verás qué pronto lo solucionas!

Pasa el tiempo y los dos amigos se encuentran de nuevo:

−¿Fuiste al psicólogo?

−Sí.

−¿Y aún te haces pis en la cama?

−¡Sí! ¿Qué pasa?

Su problema no era hacerse pis, su problema consistía en su forma de vivirlo. El conflicto no residía en una falta de control sobre sus esfínteres, sino más bien en la falta de aceptación de sus limitaciones.

Pero a veces, cuando la aceptación de la situación tampoco es suficiente para garantizar la adaptación al medio, entonces no nos queda más remedio que apelar al sentido. Es el momento de recurrir a las religiones o a una psicología más trascendente. Cuando hablaba de control y de seguridad, me refería al *qué* hacer. Cuando te contaba las formas de aceptación estaba implicando al *cómo* hacerlo. Ahora que aludimos al sentido, hablamos del *para qué*, de la finalidad de cuanto hacemos.

Ejemplo n.º 3. Los prisioneros que más tiempo duraban vivos

Cuenta Viktor Frankl en su libro titulado *El hombre en busca de sentido* que aquellos prisioneros del campo de concentración de

Auschwitz que más días permanecieron vivos no fueron aquellos que mejor estaban médicamente, ni tan siquiera los más fuertes físicamente. Fueron los que tenían un motivo para seguir luchando por sobrevivir. Aquellos que querían volver con sus parejas, aquellos que necesitaban conocer a sus hijos recién nacidos o quienes no querían dar un disgusto a sus familiares.

En un campo de concentración no se controlaba absolutamente nada. Se vivía a la merced de los caprichos de los vigilantes. Tampoco era posible hacer una lectura inteligente de la situación y terminar por aceptar tales circunstancias. En tales condiciones de privación de la libertad, solo quedaba conceder otro significado distinto a cuanto estaba sucediendo para poder seguir vivo.

Tal vez por esto mismo Frankl desarrolló la idea del sentido dentro de un campo de concentración. Quizá no le quedaba más remedio, ni podía controlar ni podía aceptar. Solo disponía de la posibilidad de cambiar el significado de aquello que estaba viviendo.

Ahora me toca exponerte algunos de los recursos de que dispone la psicología para ayudar a las personas a satisfacer sus necesidades psicológicas.

Flexibilizar el control para mejorar la confianza

Este recurso nos permitirá aumentar la sensación de control sobre nuestro entorno más inmediato y sobre nuestras propias emociones.

Te propongo un ejemplo. Un futbolista no controla todos los aspectos que intervienen en un partido. La táctica del rival, las decisiones arbitrales, el estado del terreno de juego, la meteorología y el resultado no dependen de su voluntad. En cambio, sus propias decisiones, su forma de comunicarse durante el juego y cómo golpea el balón sí que dependen exclusivamente de él.

Querer controlar aquello que no está en nuestras manos garantiza el desastre. Resulta imposible y dispara la alarma. En cambio, centrarse en ejercer control sobre aquellos aspectos de la situación que dependen exclusivamente de uno mismo resulta mucho más productivo. Cuando creemos que estamos controlando la situación afloran sentimientos de confianza que nos aportan seguridad.

Dijimos que la falta de seguridad provoca miedo. Pues bien, una persona experimenta miedo cuando cree que no podrá controlar la situación. Precisamente por esto aconsejo a los deportistas que se limiten a controlar lo controlable. Para conseguirlo les sugiero flexibilizar el control.

Es muy rígido mentalmente quien pretende controlarlo todo. Es más flexible quien cree que existen tres niveles de control:

- Aspectos de la situación que se pueden controlar totalmente.
- Temas parcialmente controlables.
- Cuestiones que se escapan completamente de nuestro control.

El mero hecho de plantearse estas tres categorías implica un cambio de enfoque sobre la situación. Se ajustan las expectativas a la realidad y se centran los esfuerzos allí donde resultan más rentables.

Ahora que te sabes la teoría, reformulemos el ejemplo del futbolista. Se escapan totalmente de su voluntad el planteamiento del rival y el resultado del encuentro. Dependen solamente de sí mismo sus propios pensamientos y sus acciones. Y puede incidir parcialmente sobre el juego de su equipo.

Pediría a este jugador que se olvidara de aquello incontrolable, se centrara en los aspectos que dependen exclusivamente de sí mismo y atendiera de vez en cuando a aquellas cuestiones sobre las que puede ejercer un cierto control.

Hasta aquí he analizado a un deportista. Voy a aplicar ahora la flexibilidad a una situación cotidiana. Me encontraba viajando en metro y escuché la siguiente advertencia a través de la megafonía del vagón: «Informamos a los señores pasajeros que se ha detectado la presencia de carteristas profesionales a bordo de este tren».

Instintivamente, todos nos echamos la mano al bolsillo. Personas que me parecieron pacíficos ciudadanos antes de la advertencia se me antojan ahora, bajo los efectos de la sugestión, consumados delincuentes. Tengo que dejar de mirar a la gente, me siento rodeado de ladrones.

¿Qué puedo controlar del todo? Mis pensamientos y mi comportamiento. Puedo pensar que la advertencia tendrá un efecto disuasorio sobre los cacos o que solo contribuirá a ponerlos más nerviosos aún. Puedo quedarme sentado en mi asiento y puedo ponerme a pasear de una punta a la otra del tren.

¿Qué se escapa absolutamente de mi control? Identificar a los carteristas y detenerlos es labor de los agentes de seguridad. No es necesario que me convierta en un héroe y evite nuevos hurtos.

¿Qué está parcialmente en mis manos? No complicar aún más la situación quejándome airadamente de la falta de seguridad en el metro. Esto podría provocar un altercado que aprovecharían los ladrones. No tengo la obligación de relajar a todos los viajeros del vagón, pero sí que puedo tranquilizar a una viejecita que no ha escuchado la advertencia de la compañía.

Esta situación no ocurre a diario, pero desgraciadamente se ha repetido en más de una ocasión. La flexibilización del control que más me ha ayudado a recuperar la seguridad ha consistido en seguir leyendo con la mano en el bolsillo. Estar pendiente de cuanto sucede en el interior del tren ha disparado mis nervios.

Exponer para mejorar la aceptación de uno mismo

Exponer consiste en arriesgar, proteger va de asegurar.

Dani tiene tendencia a proteger (su autoestima), en cambio, Pol opta sistemáticamente por exponerse. Quien se expone puede perder, de la misma manera que también puede ganar. En cambio, quien se protege pierde seguro.

Ayer Dani y Pol se quedaron sin cena. Cuando se dieron cuenta de que no quedaba nada en la nevera faltaban treinta minutos para que cerraran las tiendas. El único problema es que estaban a diecisiete kilómetros del núcleo urbano más próximo y su coche se había convertido en una tartana. Si reaccionaban enseguida, cabía la posibilidad de encontrar algo abierto.

Ante esta disyuntiva había que tomar una decisión: o se quedaban en casa y agotaban existencias o partían sin más demora con destino a la primera carnicería que estuviera abierta. No hace falta que os diga de qué era partidario Dani y qué proponía Pol. El hambre apretaba y quien conducía era Pol, así que triunfó la aventura. La jugada les salió bien y pudieron cenar carne a la brasa. Ganaron autoestima por el hecho de haber asumido riesgo y por haberse salido con la suya.

Pero este episodio que os acabo de relatar no es un hecho aislado. Normalmente, en la mayoría de las ocasiones Dani decide esconder la cabeza debajo del ala y Pol elige apostar fuerte. Es un rasgo de su personalidad y se ha convertido en un estilo de afrontamiento de las situaciones inciertas.

Os pregunto:, ¿Dani tiene la autoestima baja porque solamente se protege o se protege porque tiene baja la autoestima? Las dos cosas son ciertas. Al no arriesgar, al no invertir decididamente en algo, no se consigue nada que realmente valga la pena. No consigue nada de lo que pueda sentirse lo suficientemente orgulloso como para mejorar su autoconcepto. De la misma manera, para conservar su maltrecha autoestima, aparentemente la mejor táctica resulta no arriesgar. Imaginaos que se preparara para un examen y luego lo suspendiera. ¿Cuál sería la conclusión? «No sirvo para estudiar.» Puede que no lo soportara. Es más adaptativo presentarse a la prueba sin estudiar. En el caso de que apruebe, es un fenómeno. Y, en el caso de que suspenda tiene una excusa perfecta.

Y es que caer en la trampa de la protección tiene serias consecuencias para el autoconcepto. No afrontar la situación plantea varios inconvenientes, a saber:

a) No se aprende nada nuevo, por lo que difícilmente se evoluciona.
b) La confianza de la persona en su capacidad para afrontar nuevos retos no mejora. Resulta más bien al contrario, empeora con el tiempo.
c) La autonomía del sujeto queda comprometida, puesto que necesita de la colaboración de los demás para hacer frente a determinadas demandas de su entorno.
d) Raramente se consiguen elevados patrones de rendimiento por medio de la protección. De ahí que el refuerzo que

proporcionan los logros de la persona que evita exponerse apenas sirve para mejorar su confianza.

En resumen, si quieres subir tu autoestima, exponte, arriesga.

Hace más de diez años entrevistaron por televisión a Antonio Brufau. Por aquel entonces, yo aún no conocía a este empresario licenciado en Ciencias Económicas por la Universidad de Barcelona y máster en Economía por IESE. Actualmente Brufau ocupa el cargo de presidente de Repsol.

La entrevista me resultó francamente aburrida. Antes de despedir al entrevistado, el entrevistador le pidió un consejo para los jóvenes que le estaban viendo. Creo que se trata de una de las preguntas más difíciles de responder. Antonio dijo, casi textualmente, lo siguiente:

> A todos los jóvenes que nos estén viendo yo les aconsejaría que cada noche, en la cama, antes de dormirse, hicieran examen de conciencia con su almohada. Les pediría que repasaran los momentos del día en que han arriesgado y se la han jugado por alguien o por algo. Aquellos momentos en que han estado a punto de pasarse de la raya, pero al final no se han pasado. Si durante todo un día no ha habido ni tan siquiera uno solo de esos instantes, entonces aquel día quizá no ha valido la pena.

Aquel consejo ha marcado mi manera de ser. Y esta actitud ha condicionado su carrera profesional.

Cambiar el significado de las cosas
para otorgar sentido

Dick Hoyt, el padre del paralítico cerebral, hace triatlones con su hijo para «curar» la enfermedad de Rick. Los aborígenes australianos, la civilización que más tiempo ha perdurado, creen que el sentido de su existencia consiste en hacer respetar las leyes de la naturaleza. Y Michael Jordan, cuando jugaba con los Bulls, lo hacía para que se recordara Chicago por su equipo de baloncesto y no por ser la ciudad de los gánsteres. Todos estos personajes presentan un rasgo en común: van más allá del sentido objetivo y conocido que tiene la actividad que desempeñan. En otras palabras, trascienden el sentido de las cosas.

Por lo general, los padres que compiten con sus hijos no lo hacen para ayudarlos a superar las limitaciones de una severa enfermedad. Compiten con ellos para compartir experiencias y pasárselo bien juntos. Las tribus pretenden adaptarse al entorno que les ha tocado vivir más que conservar eternamente ese lugar. Y los jugadores profesionales quieren ganar partidos para vivir de ello. Nadie juega para cambiar la imagen de una ciudad, Jordan sí lo hizo.

Al plantearse tales objetivos superan el significado de la actividad y abandonan sus dimensiones espaciotemporales (van más allá del aquí y del ahora).

Cuando Rick Hoyt terminó la primera de sus carreras confesó a su padre que mientras competía sentía como si su discapacidad desapareciera. Su padre tira de su canoa y empuja su silla de ruedas para que su enfermedad desaparezca para siempre. Cuando los aborígenes viven para hacer respetar las leyes de la naturaleza, están cumpliendo con un legado divino que se ha transmitido de generación en generación. Y, cuando Jordan busca cambiar la imagen de una ciudad, quiere pasar a la historia.

Trascender presenta tres beneficios:

Elimina el miedo
Solo se experimenta ansiedad cuando se ven amenazados los objetivos. Si Jordan quisiera ganar, se pondría nervioso cuando creyera que va a perder. Pero, si su objetivo es enamorar con su juego y cambiar la imagen de su ciudad, el resultado pasa a un segundo plano.

Asegura la motivación
La persona que trasciende alberga la sensación de que ha sido elegida por los dioses para desempeñar una misión especial. Este hecho provoca que el individuo se sienta un auténtico privilegiado y se implique en la tarea.

Los aborígenes creen que han estado elegidos para hacer respetar las leyes de la naturaleza y conservar así su entorno. Este encargo les hace sentirse útiles y les compromete con su misión.

Facilita la satisfacción
Trascender consigue altos niveles de satisfacción. Y no solo por el hecho de eliminar el miedo o de asegurar la motiva-

ción por la tarea, sino por conceder sentido a la actividad que se desarrolla.

La familia Hoyt tiene la satisfacción asegurada. Si vieras los gestos de celebración que Dick hace cada vez que cruza la meta, entenderías la cara de profunda satisfacción del padre.

8.
Si das a la gente cuanto necesita, la gente te da cuanto necesitas

«¡Si no nos dejáis soñar, no os dejaremos dormir!» Así de clara era una de las consignas del movimiento social 15 M. No se me ocurre una mejor manera de empezar este capítulo.

Porque este capítulo está dedicado a todas aquellas personas que persiguen alguno de los siguientes objetivos:

- Vender un producto o representar a una persona con fines comerciales.
- Motivar a alguien para que haga algo en concreto o siga haciéndolo.

Quienes se establecen el primer objetivo suelen ser representantes, comerciales, empresarios y directivos. Quienes se preocupan por motivar son habitualmente psicólogos, pedagogos, profesores, educadores, entrenadores y jefes. Todos tienen en común una competencia: deben gestionar personas con el objetivo de sacar su máximo rendimiento profesional.

Si das a la gente aquello que necesita, la gente te da a ti aquello que tú necesitas. Parece magia, ¿verdad? Pues de magia nada, pura psicología.

La explicación de esta afirmación reside en todas las ideas que hemos expuesto hasta ahora. Vamos a resumirlas.

¿Qué necesita la gente?

Cubrir seis necesidades, las conoces de sobra a estas alturas:

- Sentir que controlo mi entorno.
- Sentir que controlo mis emociones.
- Sentirme aceptado por los míos.
- Sentirme aceptado por mí mismo.
- Creer que mi inversión vale la pena.
- Creer que mi inversión también vale la pena para los míos.

¿Qué necesitas tú?

Lo mismo que la gente… ¿Qué te pensabas? ¿Que eras tan distinto, tan único, tan especial, tan sensible y tan original que tenías necesidades distintas al resto de la humanidad?

¿Magia?

A menudo doy charlas sobre psicología a padres, entrenadores, deportistas y empresarios. Todos presentan un denominador común: necesitan integrar la psicología para optimizar su rendimiento. No necesitan saber de psicología, sino saber aplicarla. No les hablo de psicólogos ni de estudios científicos. Más bien les propongo pautas claras de actuación en situaciones concretas. Ellos necesitan herramientas. Necesitan recursos para controlar mejor su entorno y sentirse así algo más seguros realizando su labor.

¿Y qué necesito yo, como conferenciante? Yo necesito aceptación y otorgar algo de sentido a mi trabajo.

Las personas que asisten a mis charlas vienen para estar más seguras de lo que hacen. Y yo doy esas charlas para sentirme aceptado. Ellos y yo buscamos lo mismo: cubrir nuestras necesidades. Por eso nos motivan las charlas. Esta es la razón por la que, si yo les doy herramientas, ellos me hacen sentir útil.

Por tanto, si queréis motivar a alguien, debéis seguir los pasos siguientes:

1) Identificar qué necesidades no tiene cubiertas.
   - Si casi nunca se relaciona, puede que le falte seguridad.
   - Si casi nunca intima, puede que no vayamos sobrados de aceptación.
   - Si casi siempre necesita llamar la atención, puede que busque aprobación.

- Si casi nunca expone, puede que no tenga demasiada autoestima.
- Si casi nunca persiste en el esfuerzo, puede que le falte sentido.

2) Ofrecer recursos a medida.
- Flexibilizar el control para satisfacer las necesidades de seguridad.
- Exponer para mejorar la autoestima.
- Otorgar otro sentido a las cosas para que valgan la pena.

3) Nunca olvidar que las necesidades cambian.
- Revisar las necesidades cada vez que cambian las prioridades de las personas.

9.

Las pruebas del algodón

Los test que vienen a continuación no pretenden ser científicos. Ni están probados ni cumplen con los requisitos necesarios para ser válidos y fiables. Solamente aspiran a orientar al lector en el momento de identificar aquellas necesidades que ya tiene cubiertas y aquellas otras que restan todavía por satisfacer.

El test de las adicciones

Para ayudar a las personas a reconocer sus propias necesidades te propongo el test de las adicciones. Ahora conviene que repasemos el concepto de adicción. Te lo presentaba en el primer capítulo, cuando te hablaba sobre los puntos de apoyo.

Cuando tienes una necesidad y una sola manera de cubrirla, entonces generas una adicción. Dependes psicológicamente de esa única forma de satisfacer la necesidad. Recuerda el ejemplo de los amigos íntimos. Si solo tienes uno, dependes de él. Si tienes varios, no dependes de ninguno.

El concepto de adicción está directamente relacionado con las necesidades de las personas. Para desarrollar una adicción es imprescindible tener una necesidad insatisfecha. Es por esto mismo que una de las mejores maneras de saber qué necesidades no tienes cubiertas consiste en identificar tus adicciones. De la misma manera que nadie se compromete con aquello que no necesita, nadie se hace adicto a aquello que no necesita. Y, te digo más, si eres adicto a esa sustancia, actividad o persona es, sobre todo, porque no has sabido encontrar otras sustancias, otras actividades y otras personas que te hagan sentir lo mismo.

Dicho todo esto, vamos a ponerlo a prueba. Te pido que hagas el siguiente ejercicio. Lista tus adicciones a medida que te vayan viniendo a la cabeza. Valen todas, grandes o pequeñas, baratas o caras, confesables o inconfesables. El ejercicio es personal. No vas a tener que compartir los resultados con nadie, así que despáchate a gusto contigo mismo. No pares de listar adicciones hasta que te cueste mucho trabajo añadir una más. Puedes escribir dos, diez o veinte, tú mandas. Deja de leer este capítulo, haz el ejercicio y cuando termines recupera la lectura justo donde la dejaste.

¿Has listado más de seis? ¿Sí? ¡Entonces has caído en la trampa! Es imposible tener más de seis adicciones. Para desarrollar una adicción hace falta una necesidad y, como sabes, en nuestro ADN psicológico hay seis necesidades:

- Necesidad de controlar mi entorno y así sentirme físicamente seguro.
- Necesidad de controlar mis emociones y así sentirme psicológicamente confiado.
- Necesidad de sentirme aceptado por los míos (aprobación social).
- Necesidad de sentirme aceptado por mí mismo (autoestima).
- Necesidad de conceder sentido a las cosas que hago (sentido personal).
- Necesidad de que los míos compartan mi sentido (sentido social).

Si tienes más de seis adicciones en la lista, por favor, simplifica. Para ello te doy un par de recursos.

No puedes depender de dos o más actividades, sustancias o personas a la vez. Si dependes de dos, no dependes de ninguna... Una sola adicción por necesidad.

Y te doy una pauta más para reducir tu lista: si alguna de las adicciones que has escrito no sirve para cubrir alguna de estas seis necesidades, táchala... No es una adicción, es un capricho. Puedes vivir sin él. A menudo nos creamos necesidades artificiales, necesidades que no forman parte de nuestro ADN psíquico.

Bien, parto de la base de que en tu lista ya solo quedan, como máximo, seis adicciones. Sigamos con el ejercicio. Ahora toca agrupar las adicciones en función del tipo de necesidad que persiguen satisfacer. Es el momento de ordenar las adicciones en tres columnas: seguridad, aceptación y sentido. ¿Puedes asignar alguna adicción a cada uno de los tres tipos de necesidades?

Después de simplificar y agrupar, procederemos a interpretar. Te propongo las siguientes pautas:

- Aquellas necesidades que no aparecen, esto es, las que no has podido relacionar con alguna de las adicciones listadas, están cubiertas. Un objetivo alcanzado deja de motivar. Una vez saciado el apetito, ya no necesitas comer más.
- Las que sí aparecen, me refiero a las que sí has podido relacionar con alguna de las adicciones que reconoces tener, se corresponden con las necesidades que aún no tienes satisfechas del todo. Precisamente por este motivo necesitas seguir consumiendo esa sustancia, llevando a cabo esa actividad o relacionándote con esa persona para terminar de cubrir esa necesidad.
- Recuerda las equivalencias que te sugerí en el capítulo anterior: si no consigues mantener la persistencia en el esfuerzo, puede que te falte sentido; si tienes dificultades para asumir cierto nivel de riesgo, es muy posible que tu autoestima esté bajo mínimos; si necesitas a menudo llamar la atención es muy posible que vayas justo de aprobación social, y, si experimentas miedo, sientes que te falta control.

Las adicciones se han chivado. Hasta ahora guardaban el secreto, pero lo acabas de desvelar. Ya sabes qué necesidades te quedan por cubrir y qué recursos psicológicos puedes utilizar para conseguirlo.

Estás a un solo paso de ser feliz. Recuerda, cuando cubres una necesidad, sientes placer. A continuación valoras ese placer y experimentas satisfacción. Si esa satisfacción es limitada en el tiempo (no dura siempre) y bastante fuerte (de intensidad moderada o alta), se llama felicidad.

Si logras satisfacer los tres tipos de necesidades, estás a punto de convertirte en una persona psicológicamente sana. Sana por estar equilibrada (tres puntos de apoyo, tres grupos de necesidades cubiertas), realizada (con las necesidades de sentido del todo satisfechas) y estable en el tiempo (crees que aquello que haces te sirve para conseguir aquello que buscas y, además, funcionas con las pilas alcalinas que concede tener una misión que da sentido a tus inversiones vitales).

El test más sencillo del mundo

Amor -- **Libertad**

Instrucciones

Marca con una cruz el lugar donde te encuentras en este momento de tu vida. Si crees que necesitas más afecto que autonomía, entonces dibuja una cruz más cerca del amor que de la libertad. Si, por el contrario, valoras que en este instante de tu vida necesitas más independencia que estima, marca la señal más cerca de la libertad que del amor.

Corrección
Señala la mitad de la línea que une las dos palabras y comprueba en cuál de las dos mitades has marcado la señal.

Interpretación
Si tu marca se encuentra en la mitad más cercana al amor, probablemente en este instante de tu vida necesitas de forma prioritaria seguridad o aprobación social. Si tu señal ha quedado situada en la otra mitad, es muy posible que necesites mejorar tu nivel de autoestima o dar sentido a tus inversiones vitales.

Dice la escritora australiana Anne-Louise Germaine: «La libertad es incompatible con el amor. Un amante siempre es un esclavo». Gracias por inspirarme este entretenimiento.

El test de los trozos de papel

Instrucciones
Prepara unos cuantos trozos de papel. En cada uno de ellos anota uno de tus intereses actuales (pareja, estudios, aficiones, proyectos, objetivos, temas, etcétera). A continuación lístalos por orden de importancia, de tal manera que aquellos que más te interesan ocupen los primeros lugares de la

lista y así sucesivamente. Solo puedes colocar un trozo de papel en cada nivel, estás obligado a priorizar tus intereses.

Repite el ejercicio, pero ahora con las actividades a las que te dedicas durante un día habitual. Si sumaras el tiempo que inviertes en todas las actividades, daría como resultado veinticuatro horas. Para simplificar, puedes obviar las actividades relacionadas con el sueño, el descanso, los desplazamientos y las comidas.

Una vez anotadas todas las dedicaciones, ordénalas como en el caso anterior. Aquellas actividades en las que más tiempo inviertes ocuparán los primeros lugares de la lista. Recuerda que solo puedes poner una sola actividad en cada nivel.

Terminados ambos ejercicios, ahora toca comparar las ordenaciones realizadas.

Corrección

Comprueba si aquello en lo que más inviertes está encaminado a conseguir aquello que más te interesa. En otras palabras, corregir este ejercicio significa valorar si existe coherencia entre lo que quieres y lo que haces para lograrlo.

Interpretación

Aquellos sujetos que no priorizan las actividades que servirían para alcanzar sus metas es muy probable que aún no tengan claro el sentido de sus inversiones vitales. Por el contrario, aquellos individuos que se manifiestan interesados por unos pocos objetivos y centran sus esfuerzos en acercarse a ellos están más cerca de creer que su vida está valiendo la pena.

10.
Retrato psicológico del friki

Me voy a tomar un *gin-tonic*. Voy a utilizar los criterios expuestos en este libro para retratar psicológicamente a unos personajes cada vez más frecuentes en nuestra sociedad. Me refiero a los frikis. Para que te hagas una idea de su popularidad, quiero darte un dato. La Real Academia Española ha aceptado, con pleno derecho, la expresión «friki». Como ya sabes, el lenguaje no evoluciona por los académicos, sino por la gente de la calle.

Si continúas leyendo comprenderás por qué no he podido resistir la tentación de conceder un pequeño homenaje al frikismo.

Al principio un friki era un monstruo, después se convirtió en un tipo raro y más tarde acabó siendo alguien que estaba pasado de moda. En la actualidad se utiliza para describir a aquellas personas que lo saben absolutamente todo sobre un tema.

Tres son los rasgos psicológicos básicos de un friki. Cubre todas sus necesidades con una misma actividad en la que se especializa. En dicha actividad consigue la excelencia. Y normalmente esa actividad carece de interés social.

Un friki es tres veces adicto. Cubre cada una de sus necesidades con una sola actividad y, además, satisface sus tres necesidades con la misma actividad. Se lo juega todo a una sola carta. De ahí su comportamiento obsesivo-compulsivo. Invierte todos sus esfuerzos en acumular conocimientos, detalles y datos sobre su única especialidad.

Recuerdo el caso real de un chico que se autoproclama friki de una banda de *heavy*. El grupo no es una banda de culto, son los colegas del barrio. Nadie los conoce. Pero eso no importa. Lo único relevante es que se ha convertido en la persona que más sabe en el mundo sobre este conjunto musical. Colecciona cualquier cosa relacionada con ellos. Ser el mejor en algo le concede la autoestima necesaria para mirarse al espejo. Que se lo reconozcan le proporciona la aprobación social necesaria para sentirse querido. Saberlo absolutamente todo sobre aquel grupo se ha convertido en la misión que da sentido a su vida. Y disponer de una habitación en casa de sus padres donde poder coleccionar las cosas de la banda y escuchar sus canciones es cuanto necesita para ser feliz.

¿Y por qué no se ha convertido en un fan de Metallica, por ejemplo? Porque su nivel de autoestima no se lo permite. A los colegas los conocen cuatro gatos; a Metallica, medio mundo. Jamás llegaría a ser su fan n.º 1.

Otro detalle relevante es que la actividad en la que se especializa el friki suele carecer de interés social. No debe extrañarte, pues en el momento de elegir su especialidad el friki es egoísta. No se decide por aquello que más puede aportar a los suyos, opta por aquella actividad que mejor puede satisfacer sus propias necesidades. De ahí que los frikis acaben invirtiendo sus esfuerzos e ilusiones en temas tan especializados y aparentemente absurdos.

Tengo un amigo que es un friki. Le puedes preguntar por cualquier película, te dirá los actores del reparto, el director, el argumento, te aproximará el año de producción y se permitirá el lujo de comentarte la crítica. ¿Cómo es posible? Porque la ha visto diez veces ¿Cómo puede ser? Porque devora todas las revistas especializadas de cine. ¿Cómo es posible? Porque se pasa el día participando en chats especializados. Es posible porque vive por y para el cine. Te lo presento porque un buen día decidió vivir también del cine. Hoy trabaja en la sección de películas de unos grandes almacenes. ¿Te das cuenta? ¡Seguridad, aceptación y sentido de una sola tachada!

De hecho, si estás dispuesto a asumir sus consecuencias, ser un friki no está tan mal. El friki, por medio de su especialidad, consigue satisfacer todas sus propias necesidades. Y punto. No va más allá, tampoco lo pretende. A veces pienso que un friki es un genio frustrado. Le gustaría influir en las personas, pero sabe que no puede. Le falta todo para conseguirlo. Mucha más seguridad, muchísima más aprobación, toneladas de autoestima y un sentido más trascendente. Un genio, por medio de su obra, solo pretende satisfacer el sentido de su vida. Puede que su obra le aporte seguridad y aceptación, pero nunca fueron sus motivaciones para convertirse en un artista.

El friki no llega a influir en la vida de otras personas, un genio sí. Contemplar la obra de un genio nos puede conceder ciertas dosis de autoestima (por creer que sabemos interpretarla) y de aprobación social (si alguien nos valora por ser capaces de interpretar de esa manera el arte). El friki solo puede ser útil a quien pretenda aproximarse a su universo. Si quieres que alguien te aconseje una película para compartir con tu familia, no lo dudes, visita a mi amigo el cinéfilo. Mi amigo es un friki, Alejandro Amenábar es un genio.

Tal y como aconseja Pau Garcia-Milà: «Nunca te rías de un friki, puede llegar a ser tu jefe». Creo que tiene razón. Y tiene una sencilla explicación. Dados los tiempos que corren, cada vez es más difícil trabajar en aquello que siempre ha sido tu vocación. Y es por eso que muchas personas no desempeñan su trabajo con pasión. ¡El friki sí! No representa una obra de teatro, no lo hace de cara a la galería, se dedica a algo que le apasiona, por eso mismo lo escogió. Ya sabes, nadie se compromete con aquello que no elige.

Es más, no es que el friki se apasione y se motive desarrollando su especialidad, es que está enganchado a ella, depende psicológicamente de ella. No puede hacer otra cosa ni hacerla con menos devoción. Esta es la razón por la que te aconsejo que, cuando trates con un profesional, busques al friki; nunca te tratará mal, nunca te engañará. Sus valores no se lo permiten. Él ama su trabajo, ha convertido su obsesión en su actividad profesional.

¿El friki es feliz? Claro que sí, consigue lo que quiere, satisface sus necesidades. ¿Se siente realizado? Muy probablemente, su vida tiene un sentido, lo anhela y muchas veces lo consigue. ¿Está mentalmente sano? De ninguna de las maneras. No hay equilibrio, todo depende de un solo punto de apoyo, triple adicción. Para estar sano, falta equilibrio y estabilidad.

Empecé este capítulo afirmando que los frikis son cada vez más frecuentes. Creo que actualmente se dan las condiciones psicológicas ideales para que triunfe el frikismo: pérdida de control sobre nuestro entorno (las cosas más importantes ya no las decidimos nosotros mismos), vacío existencial y falta de sentido (lo tenemos todo y nos cuesta ser felices).

Convertirse en friki resuelve de un solo plumazo todos tus problemas. Ya que no puedo controlar el mundo, ni tan siquiera mi mundo, me voy a dedicar a controlar una sola cosa de este mundo: las películas, por ejemplo. O mi peso, o las técnicas que me permiten ser el mejor en lo mío, o los horarios del bus... ¡Qué más da! Lo único importante es controlar lo controlable. Dedico mi vida entera a saber de cine, recupero el control sobre aquello que ahora quiero controlar, me aprueban por ello, sube mi autoestima y tengo una misión en la vida.

El frikismo representa una solución individual a la crisis global. En otras palabras, si todos nos hiciéramos frikis, probablemente cambiaríamos el mundo. Cambiaríamos el mundo, pero perderíamos la poca salud psicológica que nos queda.

11.
Argumentando
el ADN psicológico

Quiero argumentar mi apuesta por la síntesis de la teoría de las necesidades de Maslow, y quiero hacerlo de dos maneras: con la ayuda de estudios que han replicado la pirámide y con aportaciones de personas que hemos reflexionado sobre el tema.

Estudios

- Tay y Diener (2011): en el estudio que te he descrito en el segundo capítulo de este libro estos autores llegaron a dos conclusiones que ahora mismo me sirven para validar buena parte de la teoría de Maslow y de la propuesta que te hago en este libro:

  — Las necesidades propuestas en 1943 parecen universales, pues están presentes en todas las culturas a lo largo de la historia.

— Cuantas más necesidades tenían cubiertas las personas participantes en el estudio de los autores, mayores índices de felicidad mostraban.

• Waldinger (2013): el director de psiquiatría clínica de la Escuela de Medicina de Harvard examinó la vida de 700 personas y de sus parejas a lo largo de sus vidas. Estas son sus conclusiones, explicadas por Anahad O'Connor en un artículo del 6 de abril de 2016 publicado en la versión digital del periódico *The New York Times*:

— La mayoría de los adultos creen que conseguir fama y riqueza es esencial para ser feliz.
— El termómetro más importante de salud y bienestar psicológico a largo plazo es la fortaleza de las relaciones familiares, sociales y afectivas.

Estas conclusiones validarían la existencia de la necesidad de aceptación social. Como ya he comentado, todos necesitamos sentirnos aceptados, valorados, tenidos en cuenta y queridos por los nuestros, por aquellas personas que hemos decidido incluir en nuestro equipo de gala en la vida.

Reflexiones

El 20 de marzo de 2019 Justo Barranco publicó en el periódico *La Vanguardia* un artículo de divulgación científica acerca de la felicidad. En él presenta alguna de las tesis recogidas en un libro de reciente publicación sobre la temática titulado *Happycracia.*

Parece ser que lo que concede un bienestar psicológico más duradero y de calidad consiste en dedicar esfuerzos e ilusiones a causas que velen por el bien común.

Duro revés para la autorrealización de Maslow, basada en la persecución y el logro de fines personales e intransferibles.

De todos modos, particular o comunitaria, lo que parece evidente es que las personas necesitamos una misión. Una o varias. Es más, probablemente diferentes en cada momento de nuestra vida para llenar de sentido nuestra existencia y dar coherencia a nuestras inversiones. Por más que argumente en esta línea, jamás podré acercarme a la brillante justificación de la necesidad de sentido que Viktor Frankl hace en su obra *El hombre en busca de sentido*; sin duda alguna, el libro que más ha marcado mi vida.

Aprovecho este momento del libro para manifestar que, en mi opinión, todas las necesidades llamadas espirituales, tan defendidas a capa y espada en nuestros tiempos, se reducen a la necesidad de sentido.

En el segundo capítulo, dedicado a actualizar la teoría de Maslow, te resumí alguno de los estudios y de las aportaciones teóricas que pretendían redefinir la cúspide de la pirámide. En ese momento ya te avancé mi punto de vista: todas las reformulaciones no son más que ejemplos de distintos sentidos que un ser humano de nuestro tiempo puede conceder a su existencia.

Y, para terminar de argumentar el ADN psicológico que se propone en este libro, queda plantear la necesidad de la seguridad, y me refiero al universo del miedo. Hace poco escribí esto en mi cuenta de Twitter:

Si sientes mucho dolor, para. Podrías lesionarte.
Si sientes mucho miedo, sigue. Podrías superarte.

La contribución de la seguridad a la adaptación del individuo está fuera de discusión. De lo contrario, la psicología no habría centrado sus esfuerzos en esta cuestión.

Para cerrar el círculo, te propongo, a modo de síntesis y con una fuerte dosis de atrevimiento, una verdadera reformulación de la pirámide de Maslow, que tendrá tres niveles, para ser coherente con mis tres cadenas de ADN.

En la base, y sin que por ello deba respetarse necesariamente este orden, colocaré la necesidad de la seguridad. Si tuviera que asociar este nivel a un estudioso de la conducta humana, diría que este es Sigmund Freud.

En el segundo nivel de la figura, situaré la necesidad de la aceptación. El primer autor que me viene a la cabeza es mi estimado Abraham Harold Maslow.

Y, para terminar, en la cúspide del triángulo establezco la necesidad de sentido. Y aquí la asociación es obligada: Viktor Frankl.

Los psicólogos trabajamos con tres materiales: pensamientos, emociones y conductas. Uno de los errores más graves que hemos cometido ha consistido en olvidar que son tres y en centrarnos solo en uno, o en dos a lo sumo, de los componentes. Los diferentes modelos teóricos, por desgracia, podrían clasificarse en función de qué material priorizan cuando toca explicar la complejidad humana.

No deberíamos cometer el mismo error con las necesidades, con las tres cadenas de ADN psicológico.

Para ser feliz basta con satisfacer alguna de ellas. Para estar psicológicamente sano, todas, pues la salud incluye la felicidad.

12.
Ordenando conceptos

Para cubrir nuestras necesidades las personas nos marcamos objetivos. Cuando el objetivo no pretende cubrir una necesidad real, sino una necesidad artificial, se llama capricho. Cuando alcanzamos nuestras metas, experimentamos una sensación placentera. Sensación que después valoramos en función de nuestro historial de experiencias, de nuestras posibilidades presentes y de nuestros anhelos futuros (aquellas necesidades que aún nos quedan por cubrir).

Si la valoración resultante nos parece intensa y no dura siempre (unas horas, unos días, unos años o una etapa de nuestra vida), experimentamos felicidad.

Seis formas de ser feliz, una para cada una de las seis necesidades que llevamos incorporadas de serie cuando visitamos el planeta Tierra. Dime qué necesidad has cubierto y le pondré apellido a la felicidad:

Necesidad de seguridad (con relación al control del entorno)	Seguridad
Necesidad de seguridad (con relación al control de las propias emociones)	Confianza
Necesidad de aceptación social	Aprobación
Necesidad de aceptación de uno mismo	Autoestima
Necesidad de sentido social	Realización social
Necesidad de sentido personal	Realización personal

¿Qué puedo hacer para que mi felicidad dure siempre? ¿Qué puedo hacer para *ser* feliz en lugar de *estar* feliz? Solamente tienes un camino: conseguir (perdón, creer que has conseguido) aquella misión que daba sentido a tu existencia. Si lo consigues, te sentirás plenamente realizado y feliz para siempre.

¿Y si, una vez conseguida esta misión, a continuación me planteo otra, más ambiciosa todavía? Dejarás de sentirte realizado y empezarás de nuevo a sentirte feliz. Recuerda que las necesidades de sentido son las únicas que no hace falta cubrir para sentirse satisfecho; basta luchar por aquello que tiene sentido para creer que la inversión ya está valiendo la pena. Basta invertir esfuerzos e ilusiones para satisfacer las necesidades de sentido.

Cubriendo cualquier necesidad puedes acercarte a la felicidad. Pero solamente consiguiendo aquello que concede sentido a tu vida puedes lograr que la felicidad dure siempre. Advierte que la felicidad, entonces, tiene varios caminos.

En cambio, para convertirte en una persona completamente sana, desde un punto de vista psicológico, solo tienes una opción: satisfacer todas tus necesidades psicológicas, llegar a ser todo cuanto podías llegar a ser, desarrollar todas tus potencialidades contenidas en tu ADN psíquico. Convertirte en el pino más alto y frondoso que dadas las circunstancias podías ser.

Te lo digo de otra manera para que valores en su justa medida la dificultad que entraña estar psicológicamente sano:

Una necesidad cubierta	Feliz
La misión de tu vida alcanzada	Realizado
Las seis necesidades cubiertas	Sano
Necesidades de seguridad y aceptación cubiertas	Adaptado

Entonces, ¿puedo estar adaptado y no ser feliz? De ninguna manera, con una sola necesidad cubierta ya puedo experimentar felicidad. ¿Y puedo ser feliz y no estar adaptado? Puede ocurrir… Con una sola necesidad cubierta te será imposible sentir que controlas y sentirte aceptado.

Sigamos con las preguntas, resultan una sencilla manera de repasar los principales mensajes de este libro. ¿Puedo ser feliz y no estar sano? Claro, no hace falta que te lo explique. ¿Y estar sano y no ser feliz? Imposible.

Y, para terminar, ¿puedo estar adaptado y no estar sano? Probable… ¿Y al revés, puedo estar sano y no haberme adaptado? ¡Imposible de nuevo!

En resumen, no es suficiente *estar* feliz para estar psicológicamente sano. Ni tan siquiera es suficiente *ser* feliz para gozar de una buena salud psicológica. Tampoco es cuestión de estar adaptado. Quizá sea un primer paso, pero no el último. Para estar sano es necesario haber satisfecho todas y cada una de tus seis necesidades psicológicas básicas. La salud psicológica incluye la felicidad, la realización y la adaptación. Muchas veces, el todo es mucho más que la suma de sus partes.

Agradecimientos

Quiero agradecer a mi hermano toda la ilusión, la inspiración, la transpiración y el talento que ha invertido en ayudarme a reflexionar sobre la condición humana. A lo largo de los años hemos elaborado miles de dibujos y esquemas, hemos redactado manuscritos que sintetizaban nuestras ideas y hemos revisado obsesivamente nuestras conclusiones.

Mi hermano me ha ayudado a saber qué quería decir… ¡Gracias, pollo!

Y Ramón Bayés me ha ayudado a quererlo decir. Nadie como él me ha transmitido la importancia de los modelos teóricos en psicología. He sido un alumno afortunado, pues he tenido excelentes profesores y un gran maestro… ¡Gracias, Ramón!

Y quiero expresar mi agradecimiento a todas aquellas personas que me habéis ayudado a terminar de decir cuanto quería contar. Sin vuestra sinceridad y exigencia no me atrevería a escribir. Si os reconocéis en algún párrafo, me convertiréis en el autor más realizado del mundo… ¡Gracias, amigos!

También quiero agradecer su apoyo incondicional a la princesa de todas mis vidas. Ella me hace sentir seguro, querido y realizado. Ella colma todas mis necesidades. Aquello que nunca consigue saciar es mi anhelo por ella, quizá por eso sea tan especial para mí. Cuanto más bebo de ella, más sed tengo. Cuanto más comparto, más necesito compartir… ¡Gracias, princesa!

¡Pollo, Ramón, amigos y princesa, gracias por influir tanto en mi vida!

Bibliografía

«Abraham Maslow», *Wikipedia, la enciclopedia libre*. Disponible en: <http://es.wikipedia.org/wiki/Abraham_Maslow>.

«Antonio Brufau», *Wikipedia, la enciclopedia libre*. Disponible en: <https://es.wikipedia.org/wiki/Antonio_Brufau>.

BARGUÉS, A., y CUSÍ, F., *Miedo a la oscuridad*, Barcelona: Juventud, 2000.

BARRANCO, J., «Llega la "happycracia" o la obligación de ser feliz», *La Vanguardia*, 20 de marzo de 2019. Disponible en: <https://www.lavanguardia.com/cultura/20190320/461140462148/felicidad-dia-internacional-libros-happycracia.html>.

BOEREE, G., «Teorías de la personalidad de Abraham Maslow», 2003. Disponible en: <http://webspace.ship.edu/cgboer/maslowesp.html>.

ELLIS, A., *Ser feliz y vencer las preocupaciones*, Barcelona: Obelisco, 2003.

ELLIS, A., y GRIEGER, R., *Manual de terapia racional-emotiva*, Bilbao: Desclée de Brouwer, 1990.

FRANKL, V., *El hombre en busca de sentido*, Barcelona: Herder, 1991.

«Giacomo Leopardi», *Wikipedia, la enciclopedia libre*. Disponible en: <https://es.wikipedia.org/wiki/Giacomo_Leopardi>.

JERICÓ, P., *No Miedo*, Barcelona: Alienta, 2006.

KENRICK, D. T.; VLADAS, G.; NEUBERG, S. L., y SCHALLER, M., «Renovating the pyramid of needs. Contemporary extensions built upon ancient foundations», *Perspectives in Psychological Sciences*, 2010, vol. 5, n.º 3, pp. 292-314.

KREMER, W., y HAMMOND, C., «¿Qué tan correcta es la pirámide de Maslow?», *BBC Mundo*, 3 de septiembre de 2013. Disponible en: <https://www.bbc.com/mundo/noticias/2013/09/130902_salud_piramide_maslow_aniversario_gtg>.

LERSCH, P., *La estructura de la personalidad*, Barcelona: Scientia, 1971.

O'CONNOR, A., «Los secretos para una vida feliz, según un estudio de Harvard», *The New York Times*, 6 de abril de 2016. Disponible en: <https://www.nytimes.com/es/2016/04/06/espanol/cultura/un-estudio-de-harvard-revela-los-secretos-para-una-vida-feliz.html>.

«Pirámide de Maslow», *Wikipedia, la enciclopedia libre*. Disponible en: <https://es.wikipedia.org/wiki/Pir%C3%A1mide_de_Maslow>.

PUJOL-GALCERÁN, J., y SERRAS, M., *Rafael Nadal: crónica de un fenómeno*, Barcelona: RBA, 2007.

ROBBINS, A., «Las seis necesidades humanas», 2010. Disponible en: <http://tonyrobbins.foroactivo.net/t36-las-6-necesidades-humanas-seg>.

RODRÍGUEZ BATISTA, K., «La pirámide de Maslow al microscopio», *Psyciencia*, 4 de abril de 2017. Disponible en: <www.psyciencia.com/la-piramide-de-maslow-al-microscopio>.

TAY, L., y DIENER, E., «Needs and subjective well-being around the world», *Journal of Personality and Social Psychology*, 2011, vol. 101, n.° 2, pp. 354-365.

TEJO, D., «La nueva pirámide de Maslow: el cambio en las necesidades básicas del siglo XXI y su influencia en el *lifestyle* actual», *David Tejo*, 1 de junio de 2016.

WAHBA, M. A., y BRIDWELL, L. G., «Maslow reconsidered: A Review of research on the need hierarchy theory», *Organizational Behavior and Human Performance*, 1976, vol. 15, n.° 2, pp. 212-240.

Su opinión es importante.
En futuras ediciones, estaremos encantados
de recoger sus comentarios sobre este libro.

Por favor, háganoslos llegar a través de nuestra web:

www.plataformaeditorial.com

Para adquirir nuestros títulos,
consulte con su librero habitual.

«El interés por la libertad y la independencia
solo son concebibles en un ser que
aún conserva la esperanza.»*
ALBERT CAMUS

«*I cannot live without books.*»
«No puedo vivir sin libros.»
THOMAS JEFFERSON

Desde 2013, Plataforma Editorial planta
un árbol por cada título publicado.

* Frase extraída de *Breviario de la dignidad humana* (Plataforma Editorial, 2013).